EinFach
Deutsch

Franz Kafka

Die Verwandlung
Brief an den Vater

und weitere Werke

Neuausgabe

Erarbeitet und mit
Anmerkungen versehen
von Alexandra Wölke

Zu dieser Neuausgabe
gibt es auch eine neue
Interpretationshilfe mit der
Best.-Nr. 022587.

Herausgegeben von
Johannes Diekhans

Bildnachweis

|akg-images GmbH, Berlin: Archiv Klaus Wagenbach 150; Fototeca Gilardi 156. |bpk-Bild-agentur, Berlin: 145, 145. |ddp images GmbH, Hamburg: 157, 158, 158. |Picture-Alliance GmbH, Frankfurt/M.: akg-images 149; dpa/CTK 144. |© Archiv Klaus Wagenbach, Berlin-Wilmersdorf: 146, 148, 151.

westermann GRUPPE

© 2013 Bildungshaus Schulbuchverlage
Westermann Schroedel Diesterweg Schöningh Winklers GmbH,
Georg-Westermann-Allee 66, 38104 Braunschweig
www.westermann.de

Druck A^{12} / Jahr 2021
Alle Drucke der Serie A sind im Unterricht parallel verwendbar.

Umschlaggestaltung: Jennifer Kirchhof
Druck und Bindung: Westermann Druck Zwickau GmbH,
Crimmitschauer Straße 43, 08058 Zwickau

ISBN 978-3-14-**022585**-4

Franz Kafka:
Die Verwandlung Brief an den Vater
Weitere Werke

Die Verwandlung

I.

Als Gregor Samsa eines Morgens aus unruhigen Träumen erwachte, fand er sich in seinem Bett zu einem ungeheueren Ungeziefer verwandelt. Er lag auf seinem panzerartig harten Rücken und sah, wenn er den Kopf ein wenig hob, seinen gewölbten,
5 braunen, von bogenförmigen Versteifungen geteilten Bauch, auf dessen Höhe sich die Bettdecke, zum gänzlichen Niedergleiten bereit, kaum noch erhalten konnte. Seine vielen im Vergleich zu seinem sonstigen Umfang kläglich dünnen Beine flimmerten ihm hilflos vor den Augen.
10 „Was ist mit mir geschehen?", dachte er. Es war kein Traum. Sein Zimmer, ein richtiges, nur etwas zu kleines Menschenzimmer, lag ruhig zwischen den vier wohlbekannten Wänden. Über dem Tisch, auf dem eine auseinandergepackte Musterkollektion von Tuchwaren ausgebreitet war – Samsa war Reisender[1] –, hing das
15 Bild, das er vor kurzem aus einer illustrierten Zeitschrift ausgeschnitten und in einem hübschen, vergoldeten Rahmen untergebracht hatte. Es stellte eine Dame dar, die, mit einem Pelzhut und einer Pelzboa[2] versehen, aufrecht dasaß und einen schweren Pelzmuff[3], in dem ihr ganzer Unterarm verschwunden war, dem
20 Beschauer entgegenhob.
Gregors Blick richtete sich dann zum Fenster und das trübe Wetter – man hörte Regentropfen auf das Fensterblech aufschlagen – machte ihn ganz melancholisch.
„Wie wäre es, wenn ich noch ein wenig weiterschliefe und alle
25 Narrheiten vergäße", dachte er, aber das war gänzlich undurchführbar, denn er war gewöhnt, auf der rechten Seite zu schlafen,

---

[1] Handlungsreisender, Vertreter
[2] langer Schal aus Pelz, der wegen seiner Form nach einer Riesenschlange benannt wurde und als besonderes Schmuckstück mit erotisierender Wirkung galt
[3] röhrenförmig zusammengenähtes Stück Pelz, in welches zum Wärmen die Hände gesteckt werden

konnte sich aber in seinem gegenwärtigen Zustand nicht in diese Lage bringen. Mit welcher Kraft er sich auch auf die rechte Seite warf, immer wieder schaukelte er in die Rückenlage zurück. Er versuchte es wohl hundertmal, schloss die Augen, um die zap-
5 pelnden Beine nicht sehen zu müssen, und ließ erst ab, als er in der Seite einen noch nie gefühlten, leichten, dumpfen Schmerz zu fühlen begann.

„Ach Gott", dachte er, „was für einen anstrengenden Beruf habe ich gewählt! Tag aus, Tag ein auf der Reise. Die geschäftlichen
10 Aufregungen sind viel größer als im eigentlichen Geschäft zu Hause und außerdem ist mir noch diese Plage des Reisens auferlegt, die Sorgen um die Zuganschlüsse, das unregelmäßige, schlechte Essen, ein immer wechselnder, nie andauernder, nie herzlich werdender menschlicher Verkehr. Der Teufel soll das al-
15 les holen!" Er fühlte ein leichtes Jucken oben auf dem Bauch; schob sich auf dem Rücken langsam näher zum Bettpfosten, um den Kopf besser heben zu können; fand die juckende Stelle, die mit lauter kleinen weißen Pünktchen besetzt war, die er nicht zu beurteilen verstand; und wollte mit einem Bein die Stelle betas-
20 ten, zog es aber gleich zurück, denn bei der Berührung umwehten ihn Kälteschauer.

Er glitt wieder in seine frühere Lage zurück. „Dies frühzeitige Aufstehen", dachte er, „macht einen ganz blödsinnig. Der Mensch muss seinen Schlaf haben. Andere Reisende leben wie Harems-
25 frauen[1]. Wenn ich zum Beispiel im Laufe des Vormittags ins Gasthaus zurückgehe, um die erlangten Aufträge zu überschreiben, sitzen diese Herren erst beim Frühstück. Das sollte ich bei meinem Chef versuchen; ich würde auf der Stelle hinausfliegen. Wer weiß übrigens, ob das nicht sehr gut für mich wäre. Wenn ich
30 mich nicht wegen meiner Eltern zurückhielte, ich hätte längst gekündigt, ich wäre vor den Chef hingetreten und hätte ihm meine Meinung von Grund des Herzens aus gesagt. Vom Pult hätte

---

[1] Ein Harem ist ein nur von Frauen bewohnter, geschützter Bereich im Hause muslimischer Herrscher. Die dort lebenden Frauen waren ihrem Herrn auch in sexueller Hinsicht zu Diensten, wurden versorgt und lebten weitgehend von der Außenwelt abgeschnitten.

er fallen müssen! Es ist auch eine sonderbare Art, sich auf das Pult zu setzen und von der Höhe herab mit dem Angestellten zu reden, der überdies wegen der Schwerhörigkeit des Chefs ganz nahe herantreten muss. Nun, die Hoffnung ist noch nicht gänz-
5 lich aufgegeben; habe ich einmal das Geld beisammen, um die Schuld der Eltern an ihn abzuzahlen – es dürfte noch fünf bis sechs Jahre dauern –, mache ich die Sache unbedingt. Dann wird der große Schnitt gemacht. Vorläufig allerdings muss ich aufstehen, denn mein Zug fährt um fünf."
10 Und er sah zur Weckuhr hinüber, die auf dem Kasten tickte. „Himmlischer Vater!", dachte er. Es war halb sieben Uhr und die Zeiger gingen ruhig vorwärts, es war sogar halb vorüber, es näherte sich schon dreiviertel. Sollte der Wecker nicht geläutet haben? Man sah vom Bett aus, dass er auf vier Uhr richtig eingestellt war;
15 gewiss hatte er auch geläutet. Ja, aber war es möglich, dieses möbelerschütternde Läuten ruhig zu verschlafen? Nun, ruhig hatte er ja nicht geschlafen, aber wahrscheinlich desto fester. Was aber sollte er jetzt tun? Der nächste Zug ging um sieben Uhr; um den einzuholen, hätte er sich unsinnig beeilen müssen, und die
20 Kollektion war noch nicht eingepackt und er selbst fühlte sich durchaus nicht besonders frisch und beweglich. Und selbst wenn er den Zug einholte, ein Donnerwetter des Chefs war nicht zu vermeiden, denn der Geschäftsdiener hatte beim Fünfuhrzug gewartet und die Meldung von seiner Versäumnis längst erstattet.
25 Es war eine Kreatur des Chefs, ohne Rückgrat und Verstand. Wie nun, wenn er sich krank meldete? Das wäre aber äußerst peinlich und verdächtig, denn Gregor war während seines fünfjährigen Dienstes noch nicht einmal krank gewesen. Gewiss würde der Chef mit dem Krankenkassenarzt kommen, würde
30 den Eltern wegen des faulen Sohnes Vorwürfe machen und alle Einwände durch den Hinweis auf den Krankenkassenarzt abschneiden, für den es ja überhaupt nur ganz gesunde, aber arbeitsscheue Menschen gibt. Und hätte er übrigens in diesem Falle so ganz Unrecht? Gregor fühlte sich tatsächlich, abgesehen von
35 einer nach dem langen Schlaf wirklich überflüssigen Schläfrigkeit, ganz wohl und hatte sogar einen besonders kräftigen Hunger.

Als er dies alles in größter Eile überlegte, ohne sich entschließen
zu können, das Bett zu verlassen – gerade schlug der Wecker dreiviertel sieben – klopfte es vorsichtig an die Tür am Kopfende seines Bettes. „Gregor", rief es – es war die Mutter –, „es ist dreiviertel sieben. Wolltest du nicht wegfahren?" Die sanfte Stimme!
Gregor erschrak, als er seine antwortende Stimme hörte, die wohl
unverkennbar seine frühere war, in die sich aber, wie von unten
her, ein nicht zu unterdrückendes, schmerzliches Piepsen
mischte, das die Worte förmlich nur im ersten Augenblick in ihrer Deutlichkeit beließ, um sie im Nachklang derart zu zerstören,
dass man nicht wusste, ob man recht gehört hatte. Gregor hatte
ausführlich antworten und alles erklären wollen, beschränkte
sich aber bei diesen Umständen darauf zu sagen: „Ja, ja, danke
Mutter, ich stehe schon auf." Infolge der Holztür war die Veränderung in Gregors Stimme draußen wohl nicht zu merken, denn
die Mutter beruhigte sich mit dieser Erklärung und schlürfte davon. Aber durch das kleine Gespräch waren die anderen Familienmitglieder darauf aufmerksam geworden, dass Gregor wider Erwarten noch zu Hause war, und schon klopfte an der einen Seitentür der Vater, schwach, aber mit der Faust. „Gregor, Gregor",
rief er, „was ist denn?" Und nach einer kleinen Weile mahnte er
nochmals mit tieferer Stimme: „Gregor! Gregor!" An der anderen
Seitentür aber klagte leise die Schwester: „Gregor? Ist dir nicht
wohl? Brauchst du etwas?" Nach beiden Seiten hin antwortete
Gregor: „Bin schon fertig", und bemühte sich durch die sorgfäl-
tigste Aussprache und durch Einschaltung von langen Pausen
zwischen den einzelnen Worten seiner Stimme alles Auffallende
zu nehmen. Der Vater kehrte auch zu seinem Frühstück zurück,
die Schwester aber flüsterte: „Gregor, mach auf, ich beschwöre
dich." Gregor aber dachte gar nicht daran aufzumachen, sondern
lobte die vom Reisen her übernommene Vorsicht, auch zu Hause
alle Türen während der Nacht zu versperren.

Zunächst wollte er ruhig und ungestört aufstehen, sich anziehen
und vor allem frühstücken, und dann erst das Weitere überlegen,
denn, das merkte er wohl, im Bett würde er mit dem Nachdenken
zu keinem vernünftigen Ende kommen. Er erinnerte sich, schon
öfters im Bett irgendeinen vielleicht durch ungeschicktes Liegen

erzeugten, leichten Schmerz empfunden zu haben, der sich dann beim Aufstehen als reine Einbildung herausstellte, und er war gespannt, wie sich seine heutigen Vorstellungen allmählich auflösen würden. Dass die Veränderung der Stimme nichts anderes
5 war als der Vorbote einer tüchtigen Verkühlung, einer Berufskrankheit der Reisenden, daran zweifelte er nicht im Geringsten. Die Decke abzuwerfen war ganz einfach; er brauchte sich nur ein wenig aufzublasen und sie fiel von selbst. Aber weiterhin wurde es schwierig, besonders weil er so ungemein breit war. Er hätte Arme
10 und Hände gebraucht, um sich aufzurichten; stattdessen aber hatte er nur die vielen Beinchen, die ununterbrochen in der verschiedensten Bewegung waren und die er überdies nicht beherrschen konnte. Wollte er eines einmal einknicken, so war es das Erste, dass es sich streckte; und gelang es ihm endlich, mit diesem Bein
15 das auszuführen, was er wollte, so arbeiteten inzwischen alle anderen, wie freigelassen, in höchster, schmerzlicher Aufregung. „Nur sich nicht im Bett unnütz aufhalten", sagte sich Gregor.
Zuerst wollte er mit dem unteren Teil seines Körpers aus dem Bett hinauskommen, aber dieser untere Teil, den er übrigens
20 noch nicht gesehen hatte und von dem er sich auch keine rechte Vorstellung machen konnte, erwies sich als zu schwer beweglich; es ging so langsam; und als er schließlich, fast wild geworden, mit gesammelter Kraft, ohne Rücksicht, sich vorwärts stieß, hatte er die Richtung falsch gewählt, schlug an den unteren Bettpfosten
25 heftig an, und der brennende Schmerz, den er empfand, belehrte ihn, dass gerade der untere Teil seines Körpers augenblicklich vielleicht der empfindlichste war.
Er versuchte es daher, zuerst den Oberkörper aus dem Bett zu bekommen, und drehte vorsichtig den Kopf dem Bettrand zu.
30 Dies gelang auch leicht, und trotz ihrer Breite und Schwere folgte schließlich die Körpermasse langsam der Wendung des Kopfes. Aber als er den Kopf endlich außerhalb des Bettes in der freien Luft hielt, bekam er Angst, weiter auf diese Weise vorzurücken, denn wenn er sich schließlich so fallen ließ, musste geradezu ein
35 Wunder geschehen, wenn der Kopf nicht verletzt werden sollte. Und die Besinnung durfte er gerade jetzt um keinen Preis verlieren; lieber wollte er im Bett bleiben.

Aber als er wieder nach gleicher Mühe aufseufzend so dalag wie
früher und wieder seine Beinchen womöglich noch ärger gegen-
einander kämpfen sah und keine Möglichkeit fand, in diese Willkür Ruhe und Ordnung zu bringen, sagte er sich wieder, dass er
unmöglich im Bett bleiben könne und dass es das Vernünftigste
sei, alles zu opfern, wenn auch nur die kleinste Hoffnung bestün-
de, sich dadurch vom Bett zu befreien. Gleichzeitig aber vergaß er
nicht, sich zwischendurch daran zu erinnern, dass viel besser als
verzweifelte Entschlüsse ruhige und ruhigste Überlegung sei. In
solchen Augenblicken richtete er die Augen möglichst scharf auf
das Fenster, aber leider war aus dem Anblick des Morgennebels,
der sogar die andere Seite der engen Straße verhüllte, wenig Zuversicht und Munterkeit zu holen. „Schon sieben Uhr", sagte er
sich beim neuerlichen Schlagen des Weckers, „schon sieben Uhr
und noch immer ein solcher Nebel." Und ein Weilchen lang lag er
ruhig mit schwachem Atem, als erwarte er vielleicht von der völ-
ligen Stille die Wiederkehr der wirklichen und selbstverständ-
lichen Verhältnisse.

Dann aber sagte er sich: „Ehe es ein Viertel acht[1] schlägt, muss ich
unbedingt das Bett vollständig verlassen haben. Im Übrigen wird
auch bis dahin jemand aus dem Geschäft kommen, um nach mir
zu fragen, denn das Geschäft wird vor sieben Uhr geöffnet." Und
er machte sich nun daran, den Körper in seiner ganzen Länge
vollständig gleichmäßig aus dem Bett hinauszuschaukeln. Wenn
er sich auf diese Weise aus dem Bett fallen ließ, blieb der Kopf,
den er beim Fall scharf heben wollte, voraussichtlich unverletzt.
Der Rücken schien hart zu sein; dem würde wohl bei dem Fall auf
den Teppich nichts geschehen. Das größte Bedenken machte ihm
die Rücksicht auf den lauten Krach, den es geben müsste und der
wahrscheinlich hinter allen Türen wenn nicht Schrecken, so doch
Besorgnisse erregen würde. Das musste aber gewagt werden.

Als Gregor schon zur Hälfte aus dem Bette ragte – die neue Methode war mehr ein Spiel als eine Anstrengung, er brauchte immer nur ruckweise zu schaukeln –, fiel ihm ein, wie einfach alles

---

[1] Ausdruck für eine Zählweise der Uhrzeit, die in Ost- und Süddeutschland
     verwendet wird für sieben Uhr fünfzehn

wäre, wenn man ihm zu Hilfe käme. Zwei starke Leute – er dachte an seinen Vater und das Dienstmädchen – hätten vollständig
genügt; sie hätten ihre Arme nur unter seinen gewölbten Rücken
schieben, ihn so aus dem Bett schälen, sich mit der Last nieder-
beugen und dann bloß vorsichtig dulden müssen, dass er den
Überschwung[1] auf dem Fußboden vollzog, wo dann die Beinchen
hoffentlich einen Sinn bekommen würden. Nun, ganz abgesehen
davon, dass die Türen versperrt waren, hätte er wirklich um Hilfe
rufen sollen? Trotz aller Not konnte er bei diesem Gedanken ein
Lächeln nicht unterdrücken.

Schon war er so weit, dass er bei stärkerem Schaukeln kaum das
Gleichgewicht noch erhielt, und sehr bald musste er sich nun
endgültig entscheiden, denn es war in fünf Minuten ein Viertel
acht, – als es an der Wohnungstür läutete. „Das ist jemand aus
dem Geschäft", sagte er sich und erstarrte fast, während seine
Beinchen nur desto eiliger tanzten. Einen Augenblick blieb alles
still. „Sie öffnen nicht", sagte sich Gregor, befangen in irgendeiner unsinnigen Hoffnung. Aber dann ging natürlich wie immer
das Dienstmädchen festen Schrittes zur Tür und öffnete. Gregor
brauchte nur das erste Grußwort des Besuchers zu hören und
wusste schon, wer es war – der Prokurist[2] selbst. Warum war nur
Gregor dazu verurteilt, bei einer Firma zu dienen, wo man bei der
kleinsten Versäumnis gleich den größten Verdacht fasste? Waren
denn alle Angestellten samt und sonders Lumpen, gab es denn
unter ihnen keinen treuen, ergebenen Menschen, der, wenn er
auch nur ein paar Morgenstunden für das Geschäft nicht ausgenützt hatte, vor Gewissensbissen närrisch wurde und geradezu
nicht imstande war, das Bett zu verlassen? Genügte es wirklich
nicht, einen Lehrjungen nachfragen zu lassen – wenn überhaupt
diese Fragerei nötig war –, musste da der Prokurist selbst kommen und musste dadurch der ganzen unschuldigen Familie gezeigt werden, dass die Untersuchung dieser verdächtigen Angelegenheit nur dem Verstand des Prokuristen anvertraut werden

---

[1] Drehung des Körpers
[2] mit der Vertretungsvollmacht der Geschäftsleitung betrauter Mitarbeiter
eines Unternehmens

konnte? Und mehr infolge der Erregung, in welche Gregor durch diese Überlegungen versetzt wurde, als infolge eines richtigen Entschlusses, schwang er sich mit aller Macht aus dem Bett. Es gab einen lauten Schlag, aber ein eigentlicher Krach war es nicht.
5 Ein wenig wurde der Fall durch den Teppich abgeschwächt, auch war der Rücken elastischer, als Gregor gedacht hatte, daher kam der nicht gar so auffallende dumpfe Klang. Nur den Kopf hatte er nicht vorsichtig genug gehalten und ihn angeschlagen; er drehte ihn und rieb ihn an dem Teppich vor Ärger und Schmerz.
10 „Da drin ist etwas gefallen", sagte der Prokurist im Nebenzimmer links. Gregor suchte sich vorzustellen, ob nicht auch einmal dem Prokuristen etwas Ähnliches passieren könnte wie heute ihm; die Möglichkeit dessen musste man doch eigentlich zugeben. Aber wie zur rohen Antwort auf diese Frage machte jetzt der Prokurist
15 im Nebenzimmer ein paar bestimmte Schritte und ließ seine Lackstiefel knarren. Aus dem Nebenzimmer rechts flüsterte die Schwester, um Gregor zu verständigen: „Gregor, der Prokurist ist da." „Ich weiß", sagte Gregor vor sich hin; aber so laut, dass es die Schwester hätte hören können, wagte er die Stimme nicht zu er-
20 heben.
„Gregor", sagte nun der Vater aus dem Nebenzimmer links, „der Herr Prokurist ist gekommen und erkundigt sich, warum du nicht mit dem Frühzug weggefahren bist. Wir wissen nicht, was wir ihm sagen sollen. Übrigens will er auch mit dir persönlich
25 sprechen. Also bitte mach die Tür auf. Er wird die Unordnung im Zimmer zu entschuldigen schon die Güte haben." „Guten Morgen, Herr Samsa", rief der Prokurist freundlich dazwischen. „Ihm ist nicht wohl", sagte die Mutter zum Prokuristen, während der Vater noch an der Tür redete, „ihm ist nicht wohl, glauben Sie
30 mir, Herr Prokurist. Wie würde denn Gregor sonst einen Zug versäumen! Der Junge hat ja nichts im Kopf als das Geschäft. Ich ärgere mich schon fast, dass er abends niemals ausgeht; jetzt war er doch acht Tage in der Stadt, aber jeden Abend war er zu Hause. Da sitzt er bei uns am Tisch und liest still die Zeitung oder stu-
35 diert Fahrpläne. Es ist schon eine Zerstreuung für ihn, wenn er sich mit Laubsägearbeiten beschäftigt. Da hat er zum Beispiel im Laufe von zwei, drei Abenden einen kleinen Rahmen geschnitzt;

Sie werden staunen, wie hübsch er ist; er hängt drin im Zimmer;
Sie werden ihn gleich sehen, bis Gregor aufmacht. Ich bin übrigens glücklich, dass Sie da sind, Herr Prokurist; wir allein hätten
Gregor nicht dazu gebracht, die Tür zu öffnen; er ist so hartnä-
5 ckig; und bestimmt ist ihm nicht wohl, trotzdem er es am Morgen
geleugnet hat." „Ich komme gleich", sagte Gregor langsam und
bedächtig und rührte sich nicht, um kein Wort der Gespräche zu
verlieren. „Anders, gnädige Frau, kann ich es mir auch nicht erklären", sagte der Prokurist, „hoffentlich ist es nichts Ernstes.
10 Wenn ich auch andererseits sagen muss, dass wir Geschäftsleute
– wie man will, leider oder glücklicherweise – ein leichtes Unwohlsein sehr oft aus geschäftlichen Rücksichten einfach überwinden müssen." „Also kann der Herr Prokurist schon zu dir hinein?", fragte der ungeduldige Vater und klopfte wiederum an die
15 Tür. „Nein", sagte Gregor. Im Nebenzimmer links trat eine pein-
liche Stille ein, im Nebenzimmer rechts begann die Schwester zu
schluchzen.

Warum ging denn die Schwester nicht zu den anderen? Sie war
wohl erst jetzt aus dem Bett aufgestanden und hatte noch gar
20 nicht angefangen, sich anzuziehen. Und warum weinte sie denn?
Weil er nicht aufstand und den Prokuristen nicht hereinließ, weil
er in Gefahr war, den Posten zu verlieren und weil dann der Chef
die Eltern mit den alten Forderungen wieder verfolgen würde?
Das waren doch vorläufig wohl unnötige Sorgen. Noch war Gre-
25 gor hier und dachte nicht im Geringsten daran, seine Familie zu
verlassen. Augenblicklich lag er wohl da auf dem Teppich und
niemand, der seinen Zustand gekannt hätte, hätte im Ernst von
ihm verlangt, dass er den Prokuristen hereinlasse. Aber wegen
dieser kleinen Unhöflichkeit, für die sich ja später leicht eine pas-
30 sende Ausrede finden würde, konnte Gregor doch nicht gut sofort
weggeschickt werden. Und Gregor schien es, dass es viel vernünf-
tiger wäre, ihn jetzt in Ruhe zu lassen, statt ihn mit Weinen und
Zureden zu stören. Aber es war eben die Ungewissheit, welche
die anderen bedrängte und ihr Benehmen entschuldigte.

35 „Herr Samsa", rief nun der Prokurist mit erhobener Stimme,
„was ist denn los? Sie verbarrikadieren sich da in Ihrem Zimmer,
antworten bloß mit ja und nein, machen Ihren Eltern schwere,

unnötige Sorgen und versäumen – dies nur nebenbei erwähnt – Ihre geschäftlichen Pflichten in einer eigentlich unerhörten Weise. Ich spreche hier im Namen Ihrer Eltern und Ihres Chefs und bitte Sie ganz ernsthaft um eine augenblickliche, deutliche Erklä-
5 rung. Ich staune, ich staune. Ich glaubte, Sie als einen ruhigen, vernünftigen Menschen zu kennen, und nun scheinen Sie plötzlich anfangen zu wollen, mit sonderbaren Launen zu paradieren[1]. Der Chef deutete mir zwar heute früh eine mögliche Erklärung für Ihr Versäumnis an – sie betraf das Ihnen seit Kurzem anver-
10 traute Inkasso[2] –, aber ich legte wahrhaftig fast mein Ehrenwort dafür ein, dass diese Erklärung nicht zutreffen könne. Nun aber sehe ich hier Ihren unbegreiflichen Starrsinn und verliere ganz und gar jede Lust, mich auch nur im Geringsten für Sie einzusetzen. Und Ihre Stellung ist durchaus nicht die festeste. Ich hatte
15 ursprünglich die Absicht, Ihnen das alles unter vier Augen zu sagen, aber da Sie mich hier nutzlos meine Zeit versäumen lassen, weiß ich nicht, warum es nicht auch Ihre Herren Eltern erfahren sollen. Ihre Leistungen in der letzten Zeit waren also sehr unbefriedigend; es ist zwar nicht die Jahreszeit, um besondere Ge-
20 schäfte zu machen, das erkennen wir an; aber eine Jahreszeit, um keine Geschäfte zu machen, gibt es überhaupt nicht, Herr Samsa, darf es nicht geben."

„Aber Herr Prokurist", rief Gregor außer sich und vergaß in der Aufregung alles andere, „ich mache ja sofort, augenblicklich auf.
25 Ein leichtes Unwohlsein, ein Schwindelanfall, haben mich verhindert aufzustehen. Ich liege noch jetzt im Bett. Jetzt bin ich aber schon wieder ganz frisch. Eben steige ich aus dem Bett. Nur einen kleinen Augenblick Geduld! Es geht noch nicht so gut, wie ich dachte. Es ist mir aber schon wohl. Wie das nur einen Men-
30 schen so überfallen kann! Noch gestern Abend war mir ganz gut, meine Eltern wissen es ja, oder besser, schon gestern Abend hatte ich eine kleine Vorahnung. Man hätte es mir ansehen müssen.

---

[1] aufmarschieren
[2] rechtliche Befugnis, Geld von Schuldnern einzuziehen; der Vorwurf des Prokuristen lautet hier auf Unterschlagung der für das Geschäft eingeholten Summen.

Warum habe ich es nur im Geschäfte nicht gemeldet! Aber man denkt eben immer, dass man die Krankheit ohne Zuhausebleiben überstehen wird. Herr Prokurist! Schonen Sie meine Eltern! Für alle die Vorwürfe, die Sie mir jetzt machen, ist ja kein Grund; man
5 hat mir ja davon auch kein Wort gesagt. Sie haben vielleicht die letzten Aufträge, die ich geschickt habe, nicht gelesen. Übrigens, noch mit dem Achtuhrzug fahre ich auf die Reise, die paar Stunden Ruhe haben mich gekräftigt. Halten Sie sich nur nicht auf, Herr Prokurist; ich bin gleich selbst im Geschäft, und haben Sie
10 die Güte, das zu sagen und mich dem Herrn Chef zu empfehlen!"
Und während Gregor dies alles hastig ausstieß und kaum wusste, was er sprach, hatte er sich leicht, wohl infolge der im Bett bereits erlangten Übung, dem Kasten[1] genähert und versuchte nun, an ihm sich aufzurichten. Er wollte tatsächlich die Tür aufmachen,
15 tatsächlich sich sehen lassen und mit dem Prokuristen sprechen; er war begierig zu erfahren, was die anderen, die jetzt so nach ihm verlangten, bei seinem Anblick sagen würden. Würden sie erschrecken, dann hatte Gregor keine Verantwortung mehr und konnte ruhig sein. Würden sie aber alles ruhig hinnehmen, dann
20 hatte auch er keinen Grund, sich aufzuregen, und konnte, wenn er sich beeilte, um acht Uhr tatsächlich auf dem Bahnhof sein. Zuerst glitt er nun einige Male von dem glatten Kasten ab, aber endlich gab er sich einen letzten Schwung und stand aufrecht da; auf die Schmerzen im Unterleib achtete er gar nicht mehr, so sehr
25 sie auch brannten. Nun ließ er sich gegen die Rückenlehne eines nahen Stuhles fallen, an deren Rändern er sich mit seinen Beinchen festhielt. Damit hatte er aber auch die Herrschaft über sich erlangt und verstummte, denn nun konnte er den Prokuristen anhören.
30 „Haben Sie auch nur ein Wort verstanden?", fragte der Prokurist die Eltern, „er macht sich doch wohl nicht einen Narren aus uns?" „Um Gottes willen", rief die Mutter schon unter Weinen, „er ist vielleicht schwer krank und wir quälen ihn. Grete! Grete!", schrie sie dann. „Mutter?", rief die Schwester von der anderen Seite. Sie
35 verständigten sich durch Gregors Zimmer. „Du musst augen-

---

[1] österreichische/schweizerische Bezeichnung für Schrank

blicklich zum Arzt. Gregor ist krank. Rasch um den Arzt. Hast du
Gregor jetzt reden hören?" „Das war eine Tierstimme", sagte der
Prokurist, auffallend leise gegenüber dem Schreien der Mutter.
„Anna! Anna!", rief der Vater durch das Vorzimmer in die Küche
5 und klatschte in die Hände, „sofort einen Schlosser holen!" Und
schon liefen die zwei Mädchen mit rauschenden Röcken durch
das Vorzimmer – wie hatte sich die Schwester denn so schnell
angezogen? – und rissen die Wohnungstüre auf. Man hörte gar
nicht die Türe zuschlagen; sie hatten sie wohl offen gelassen, wie
10 es in Wohnungen zu sein pflegt, in denen ein großes Unglück
geschehen ist.

Gregor war aber viel ruhiger geworden. Man verstand zwar also
seine Worte nicht mehr, trotzdem sie ihm genug klar, klarer als
früher, vorgekommen waren, vielleicht infolge der Gewöhnung
15 des Ohres. Aber immerhin glaubte man nun schon daran, dass es
mit ihm nicht ganz in Ordnung war, und war bereit, ihm zu helfen. Die Zuversicht und Sicherheit, mit welchen die ersten Anord-
nungen getroffen worden waren, taten ihm wohl. Er fühlte sich
wieder einbezogen in den menschlichen Kreis und erhoffte von
20 beiden, vom Arzt und vom Schlosser, ohne sie eigentlich genau
zu scheiden[1], großartige und überraschende Leistungen. Um für
die sich nähernden entscheidenden Besprechungen eine möglichst klare Stimme zu bekommen, hustete er ein wenig ab, allerdings bemüht, dies ganz gedämpft zu tun, da möglicherweise
25 auch schon dieses Geräusch anders als menschlicher Husten
klang, was er selbst zu entscheiden sich nicht mehr getraute. Im
Nebenzimmer war es inzwischen ganz still geworden. Vielleicht
saßen die Eltern mit dem Prokuristen beim Tisch und tuschelten,
vielleicht lehnten alle an der Türe und horchten.
30 Gregor schob sich langsam mit dem Sessel zur Tür hin, ließ ihn
dort los, warf sich gegen die Tür, hielt sich an ihr aufrecht – die
Ballen seiner Beinchen hatten ein wenig Klebstoff – und ruhte
sich dort einen Augenblick lang von der Anstrengung aus. Dann
aber machte er sich daran, mit dem Mund den Schlüssel im
35 Schloss umzudrehen. Es schien leider, dass er keine eigentlichen

---

[1] unterscheiden

Zähne hatte, – womit sollte er gleich den Schlüssel fassen? – aber
dafür waren die Kiefer freilich sehr stark; mit ihrer Hilfe brachte
er auch wirklich den Schlüssel in Bewegung und achtete nicht
darauf, dass er sich zweifellos irgendeinen Schaden zufügte,
5 denn eine braune Flüssigkeit kam ihm aus dem Mund, floss über
den Schlüssel und tropfte auf den Boden. „Hören Sie nur", sagte
der Prokurist im Nebenzimmer, „er dreht den Schlüssel um." Das
war für Gregor eine große Aufmunterung; aber alle hätten ihm
zurufen sollen, auch der Vater und die Mutter: „Frisch, Gregor",
10 hätten sie rufen sollen, „immer nur heran, fest an das Schloss
heran!" Und in der Vorstellung, dass alle seine Bemühungen mit
Spannung verfolgten, verbiss er sich mit allem, was er an Kraft
aufbringen konnte, besinnungslos in den Schlüssel. Je nach dem
Fortschreiten der Drehung des Schlüssels umtanzte er das
15 Schloss; hielt sich jetzt nur noch mit dem Munde aufrecht und je
nach Bedarf hing er sich an den Schlüssel oder drückte ihn dann
wieder nieder mit der ganzen Last seines Körpers. Der hellere
Klang des endlich zurückschnappenden Schlosses erweckte Gregor förmlich. Aufatmend sagte er sich: „Ich habe also den Schlos-
20 ser nicht gebraucht", und legte den Kopf auf die Klinke um die
Türe gänzlich zu öffnen.
Da er die Türe auf diese Weise öffnen musste, war sie eigentlich
schon recht weit geöffnet und er selbst noch nicht zu sehen. Er
musste sich erst langsam um den einen Türflügel herumdrehen,
25 und zwar sehr vorsichtig, wenn er nicht gerade vor dem Eintritt
ins Zimmer plump auf den Rücken fallen wollte. Er war noch mit
jener schwierigen Bewegung beschäftigt und hatte nicht Zeit, auf
anderes zu achten, da hörte er schon den Prokuristen ein lautes
„Oh!" ausstoßen – es klang, wie wenn der Wind saust – und nun
30 sah er ihn auch, wie er, der der Nächste an der Türe war, die Hand
gegen den offenen Mund drückte und langsam zurückwich, als
vertreibe ihn eine unsichtbare, gleichmäßig fortwirkende Kraft.
Die Mutter – sie stand hier trotz der Anwesenheit des Prokuristen
mit von der Nacht her noch aufgelösten, hoch sich sträubenden
35 Haaren – sah zuerst mit gefalteten Händen den Vater an, ging
dann zwei Schritte zu Gregor hin und fiel inmitten ihrer rings um
sie herum sich ausbreitenden Röcke nieder, das Gesicht ganz un-

auffindbar zu ihrer Brust gesenkt. Der Vater ballte mit feindse-
ligem Ausdruck die Faust, als wolle er Gregor in sein Zimmer
zurückstoßen, sah sich dann unsicher im Wohnzimmer um, be-
schattete dann mit den Händen die Augen und weinte, dass sich
5 seine mächtige Brust schüttelte.

Gregor trat nun gar nicht in das Zimmer, sondern lehnte sich von
innen an den festgeriegelten Türflügel, sodass sein Leib nur zur
Hälfte und darüber der seitlich geneigte Kopf zu sehen war, mit
dem er zu den anderen hinüberlugte. Es war inzwischen viel hel-
10 ler geworden; klar stand auf der anderen Straßenseite ein Aus-
schnitt des gegenüberliegenden, endlosen, grauschwarzen
Hauses – es war ein Krankenhaus – mit seinen hart die Front
durchbrechenden regelmäßigen Fenstern; der Regen fiel noch
nieder, aber nur mit großen, einzeln sichtbaren und förmlich
15 auch einzelnweise auf die Erde hinuntergeworfenen Tropfen. Das
Frühstücksgeschirr stand in überreicher Zahl auf dem Tisch,
denn für den Vater war das Frühstück die wichtigste Mahlzeit des
Tages, die er bei der Lektüre verschiedener Zeitungen stundenlang hinzog. Gerade an der gegenüberliegenden Wand hing eine
20 Fotografie Gregors aus seiner Militärzeit, die ihn als Leutnant[1]
darstellte, wie er, die Hand am Degen, sorglos lächelnd, Respekt
für seine Haltung und Uniform verlangte. Die Tür zum Vorzimmer war geöffnet und man sah, da auch die Wohnungstür offen
war, auf den Vorplatz der Wohnung hinaus und auf den Beginn
25 der abwärts führenden Treppe.

„Nun", sagte Gregor und war sich dessen wohl bewusst, dass er
der Einzige war, der die Ruhe bewahrt hatte, „ich werde mich
gleich anziehen, die Kollektion zusammenpacken und wegfahren. Wollt ihr, wollt ihr mich wegfahren lassen? Nun, Herr Proku-
30 rist, Sie sehen, ich bin nicht starrköpfig und ich arbeite gern; das
Reisen ist beschwerlich, aber ich könnte ohne das Reisen nicht
leben. Wohin gehen Sie denn, Herr Prokurist? Ins Geschäft? Ja?
Werden Sie alles wahrheitsgetreu berichten? Man kann im Augenblick unfähig sein zu arbeiten, aber dann ist gerade der rich-
35 tige Zeitpunkt, sich an die früheren Leistungen zu erinnern und

---

[1] militärischer Dienstgrad

zu bedenken, dass man später, nach Beseitigung des Hindernisses, gewiss desto fleißiger und gesammelter arbeiten wird. Ich bin ja dem Herrn Chef so sehr verpflichtet, das wissen Sie doch recht gut. Andererseits habe ich die Sorge um meine Eltern und
5 die Schwester. Ich bin in der Klemme, ich werde mich aber auch wieder herausarbeiten. Machen Sie es mir aber nicht schwieriger, als es schon ist. Halten Sie im Geschäft meine Partei! Man liebt den Reisenden nicht, ich weiß. Man denkt, er verdient ein Heidengeld und führt dabei ein schönes Leben. Man hat eben keine
10 besondere Veranlassung, dieses Vorurteil besser zu durchdenken. Sie aber, Herr Prokurist, Sie haben einen besseren Überblick über die Verhältnisse als das sonstige Personal, ja sogar, ganz im Vertrauen gesagt, einen besseren Überblick, als der Herr Chef selbst, der in seiner Eigenschaft als Unternehmer sich in seinem
15 Urteil leicht zu Ungunsten eines Angestellten beirren lässt. Sie wissen auch sehr wohl, dass der Reisende, der fast das ganze Jahr außerhalb des Geschäftes ist, so leicht ein Opfer von Klatschereien, Zufälligkeiten und grundlosen Beschwerden werden kann, gegen die sich zu wehren ihm ganz unmöglich ist, da er von ih-
20 nen meistens gar nichts erfährt und nur dann, wenn er erschöpft eine Reise beendet hat, zu Hause die schlimmen, auf ihre Ursachen hin nicht mehr zu durchschauenden Folgen am eigenen Leibe zu spüren bekommt. Herr Prokurist, gehen Sie nicht weg, ohne mir ein Wort gesagt zu haben, das mir zeigt, dass Sie mir
25 wenigstens zu einem kleinen Teil Recht geben!"
Aber der Prokurist hatte sich schon bei den ersten Worten Gregors abgewendet und nur über die zuckende Schulter hinweg sah er mit aufgeworfenen Lippen nach Gregor zurück. Und während Gregors Rede stand er keinen Augenblick still, sondern verzog
30 sich, ohne Gregor aus den Augen zu lassen, gegen die Tür, aber ganz allmählich, als bestehe ein geheimes Verbot, das Zimmer zu verlassen. Schon war er im Vorzimmer, und nach der plötzlichen Bewegung, mit der er zum letzten Mal den Fuß aus dem Wohnzimmer zog, hätte man glauben können, er habe sich soeben die
35 Sohle verbrannt. Im Vorzimmer aber streckte er die rechte Hand weit von sich zur Treppe hin, als warte dort auf ihn eine geradezu überirdische Erlösung.

Gregor sah ein, dass er den Prokuristen in dieser Stimmung auf keinen Fall weggehen lassen dürfe, wenn dadurch seine Stellung im Geschäft nicht aufs Äußerste gefährdet werden sollte. Die Eltern verstanden das alles nicht so gut; sie hatten sich in den langen Jahren die Überzeugung gebildet, dass Gregor in diesem Geschäft für sein Leben versorgt war, und hatten außerdem jetzt mit den augenblicklichen Sorgen so viel zu tun, dass ihnen jede Voraussicht abhanden gekommen war. Aber Gregor hatte diese Voraussicht. Der Prokurist musste gehalten, beruhigt, überzeugt und schließlich gewonnen werden; die Zukunft Gregors und seiner Familie hing doch davon ab! Wäre doch die Schwester hier gewesen! Sie war klug; sie hatte schon geweint, als Gregor noch ruhig auf dem Rücken lag. Und gewiss hätte der Prokurist, dieser Damenfreund, sich von ihr lenken lassen; sie hätte die Wohnungstür zugemacht und ihm im Vorzimmer den Schrecken ausgeredet. Aber die Schwester war eben nicht da, Gregor selbst musste handeln. Und ohne daran zu denken, dass er seine gegenwärtigen Fähigkeiten, sich zu bewegen, noch gar nicht kannte, ohne auch daran zu denken, dass seine Rede möglicher- ja wahrscheinlicherweise wieder nicht verstanden worden war, verließ er den Türflügel; schob sich durch die Öffnung; wollte zum Prokuristen hingehen, der sich schon am Geländer des Vorplatzes lächerlicherweise mit beiden Händen festhielt; fiel aber sofort, nach einem Halt suchend, mit einem kleinen Schrei auf seine vielen Beinchen nieder. Kaum war das geschehen, fühlte er zum ersten Mal an diesem Morgen ein körperliches Wohlbehagen; die Beinchen hatten festen Boden unter sich; sie gehorchten vollkommen, wie er zu seiner Freude merkte; strebten sogar danach, ihn fortzutragen, wohin er wollte; und schon glaubte er, die endgültige Besserung alles Leidens stehe unmittelbar bevor. Aber im gleichen Augenblick, als er da schaukelnd vor verhaltener Bewegung, gar nicht weit von seiner Mutter entfernt, ihr gerade gegenüber auf dem Boden lag, sprang diese, die doch so ganz in sich versunken schien, mit einem Male in die Höhe, die Arme weit ausgestreckt, die Finger gespreizt, rief: „Hilfe, um Gottes willen Hilfe!", hielt den Kopf geneigt, als wolle sie Gregor besser sehen, lief aber, im Widerspruch dazu, sinnlos zurück; hatte vergessen, dass hinter ihr der gedeckte Tisch stand; setzte sich, als sie bei ihm angekommen war, wie in Zerstreutheit, eilig auf ihn; und schien gar nicht zu merken, dass neben ihr aus der umgeworfenen großen Kanne der Kaffee in vollem Strome auf den Teppich sich ergoss.

„Mutter, Mutter", sagte Gregor leise, und sah zu ihr hinauf. Der Prokurist war ihm für einen Augenblick ganz aus dem Sinn gekommen; dagegen konnte er sich nicht versagen, im Anblick des fließenden Kaffees mehrmals mit den Kiefern ins Leere zu schnappen. Darüber schrie die Mutter neuerdings auf, flüchtete vom Tisch und fiel dem ihr entgegeneilenden Vater in die Arme. Aber Gregor hatte jetzt keine Zeit für seine Eltern; der Prokurist war schon auf der Treppe; das Kinn auf dem Geländer, sah er noch zum letzten Male zurück. Gregor nahm einen Anlauf, um ihn möglichst sicher einzuholen; der Prokurist musste etwas ahnen, denn er machte einen Sprung über mehrere Stufen und verschwand; „Huh!", aber schrie er noch, es klang durchs ganze Treppenhaus. Leider schien nun auch diese Flucht des Prokuristen den Vater, der bisher verhältnismäßig gefasst gewesen war, völlig zu verwirren, denn statt selbst dem Prokuristen nachzulaufen oder wenigstens Gregor in der Verfolgung nicht zu hindern, packte er mit der Rechten den Stock des Prokuristen, den dieser mit Hut und Überzieher auf einem Sessel zurückgelassen hatte, holte mit der Linken eine große Zeitung vom Tisch und machte sich unter Füßestampfen daran, Gregor durch Schwenken des Stockes und der Zeitung in sein Zimmer zurückzutreiben. Kein Bitten Gregors half, kein Bitten wurde auch verstanden, er mochte den Kopf noch so demütig drehen, der Vater stampfte nur stärker mit den Füßen. Drüben hatte die Mutter trotz des kühlen Wetters ein Fenster aufgerissen, und hinausgelehnt drückte sie ihr Gesicht weit außerhalb des Fensters in ihre Hände. Zwischen Gasse und Treppenhaus entstand eine starke Zugluft, die Fenstervorhänge flogen auf, die Zeitungen auf dem Tische rauschten, einzelne Blätter wehten über den Boden hin. Unerbittlich drängte der Vater und stieß Zischlaute aus, wie ein Wilder. Nun hatte aber Gregor noch gar keine Übung im Rückwärtsgehen, es ging wirklich sehr langsam. Wenn sich Gregor nur hätte umdrehen dürfen,

er wäre gleich in seinem Zimmer gewesen, aber er fürchtete sich,
den Vater durch die zeitraubende Umdrehung ungeduldig zu machen, und jeden Augenblick drohte ihm doch von dem Stock in
des Vaters Hand der tödliche Schlag auf den Rücken oder auf den
Kopf. Endlich aber blieb Gregor doch nichts anderes übrig, denn
er merkte mit Entsetzen, dass er im Rückwärtsgehen nicht einmal die Richtung einzuhalten verstand; und so begann er, unter
unaufhörlichen ängstlichen Seitenblicken nach dem Vater, sich
nach Möglichkeit rasch, in Wirklichkeit aber doch nur sehr langsam umzudrehen. Vielleicht merkte der Vater seinen guten Willen, denn er störte ihn hierbei nicht, sondern dirigierte sogar hie
und da die Drehbewegung von der Ferne mit der Spitze seines
Stockes. Wenn nur nicht dieses unerträgliche Zischen des Vaters
gewesen wäre! Gregor verlor darüber ganz den Kopf. Er war schon
fast ganz umgedreht, als er sich, immer auf dieses Zischen hor-
chend, sogar irrte und sich wieder ein Stück zurückdrehte. Als er
aber endlich glücklich mit dem Kopf vor der Türöffnung war,
zeigte es sich, dass sein Körper zu breit war, um ohne weiteres
durchzukommen. Dem Vater fiel es natürlich in seiner gegenwärtigen Verfassung auch nicht entfernt ein, etwa den anderen Türflügel zu öffnen, um für Gregor einen genügenden Durchgang zu
schaffen. Seine fixe Idee war bloß, dass Gregor so rasch als möglich in sein Zimmer müsse. Niemals hätte er auch die umständ-
lichen Vorbereitungen gestattet, die Gregor brauchte, um sich
aufzurichten und vielleicht auf diese Weise durch die Tür zu kommen. Vielmehr trieb er, als gäbe es kein Hindernis, Gregor jetzt
unter besonderem Lärm vorwärts; es klang schon hinter Gregor
gar nicht mehr wie die Stimme bloß eines einzigen Vaters; nun
gab es wirklich keinen Spaß mehr und Gregor drängte sich – geschehe was wolle – in die Tür. Die eine Seite seines Körpers hob
sich, er lag schief in der Türöffnung, seine eine Flanke war ganz
wundgerieben, an der weißen Tür blieben hässliche Flecken, bald
steckte er fest und hätte sich allein nicht mehr rühren können, die
Beinchen auf der einen Seite hingen zitternd oben in der Luft, die
auf der anderen waren schmerzhaft zu Boden gedrückt – da gab
ihm der Vater von hinten einen jetzt wahrhaftig erlösenden
starken Stoß und er flog, heftig blutend, weit in sein Zimmer hi-

nein. Die Tür wurde noch mit dem Stock zugeschlagen, dann war es endlich still.

II.

Erst in der Abenddämmerung erwachte Gregor aus seinem schweren ohnmachtsähnlichen Schlaf. Er wäre gewiss nicht viel später auch ohne Störung erwacht, denn er fühlte sich genügend ausgeruht und ausgeschlafen, doch schien es ihm, als hätte ihn ein flüchtiger Schritt und ein vorsichtiges Schließen der zum Vorzimmer führenden Tür geweckt. Der Schein der elektrischen Straßenlampen lag bleich hier und da auf der Zimmerdecke und auf den höheren Teilen der Möbel, aber unten bei Gregor war es finster. Langsam schob er sich, noch ungeschickt mit seinen Fühlern tastend, die er jetzt schätzen lernte, zur Türe hin um nachzusehen, was dort geschehen war. Seine linke Seite schien eine einzige lange, unangenehm spannende Narbe und er musste auf seinen zwei Beinreihen regelrecht hinken. Ein Beinchen war übrigens im Laufe der vormittägigen Vorfälle schwer verletzt worden – es war fast ein Wunder, dass nur eines verletzt worden war – und schleppte leblos nach.

Erst bei der Tür merkte er, was ihn dorthin eigentlich gelockt hatte; es war der Geruch von etwas Essbarem gewesen. Denn dort stand ein Napf mit süßer Milch gefüllt, in der kleine Schnitten von Weißbrot schwammen. Fast hätte er vor Freude gelacht, denn er hatte noch größeren Hunger als am Morgen, und gleich tauchte er seinen Kopf fast bis über die Augen in die Milch hinein. Aber bald zog er ihn enttäuscht wieder zurück; nicht nur, dass ihm das Essen wegen seiner heiklen linken Seite Schwierigkeiten machte – und er konnte nur essen, wenn der ganze Körper schnaufend mitarbeitete –, so schmeckte ihm überdies die Milch, die sonst sein Lieblingsgetränk war und die ihm gewiss die Schwester deshalb hereingestellt hatte, gar nicht, ja er wandte sich fast mit Widerwillen von dem Napf ab und kroch in die Zimmermitte zurück.

Im Wohnzimmer war, wie Gregor durch die Türspalte sah, das Gas angezündet, aber während sonst zu dieser Tageszeit der Vater

seine nachmittags erscheinende Zeitung der Mutter und manchmal auch der Schwester mit erhobener Stimme vorzulesen
pflegte, hörte man jetzt keinen Laut. Nun, vielleicht war dieses
Vorlesen, von dem ihm die Schwester immer erzählte und
5 schrieb, in der letzten Zeit überhaupt aus der Übung gekommen.
Aber auch ringsherum war es so still, trotzdem doch gewiss die
Wohnung nicht leer war. „Was für ein stilles Leben die Familie
doch führte", sagte sich Gregor und fühlte, während er starr vor
sich ins Dunkle sah, einen großen Stolz darüber, dass er seinen
10 Eltern und seiner Schwester ein solches Leben in einer so schönen Wohnung hatte verschaffen können. Wie aber, wenn jetzt alle
Ruhe, aller Wohlstand, alle Zufriedenheit ein Ende mit Schrecken
nehmen sollte? Um sich nicht in solche Gedanken zu verlieren,
setzte sich Gregor lieber in Bewegung und kroch im Zimmer auf
15 und ab.
Einmal während des langen Abends wurde die eine Seitentüre
und einmal die andere bis zu einer kleinen Spalte geöffnet und
rasch wieder geschlossen; jemand hatte wohl das Bedürfnis hereinzukommen, aber auch wieder zu viele Bedenken. Gregor
20 machte nun unmittelbar bei der Wohnzimmertür halt, entschlossen, den zögernden Besucher doch irgendwie hereinzubringen
oder doch wenigstens zu erfahren, wer es sei; aber nun wurde die
Tür nicht mehr geöffnet und Gregor wartete vergebens. Früh, als
die Türen versperrt waren, hatten alle zu ihm hereinkommen
25 wollen, jetzt, da er die eine Tür geöffnet hatte und die anderen
offenbar während des Tages geöffnet worden waren, kam keiner
mehr und die Schlüssel steckten nun auch von außen.
Spät erst in der Nacht wurde das Licht im Wohnzimmer ausge-
löscht und nun war leicht festzustellen, dass die Eltern und die
30 Schwester so lange wach geblieben waren, denn wie man genau
hören konnte, entfernten sich jetzt alle drei auf den Fußspitzen.
Nun kam gewiss bis zum Morgen niemand mehr zu Gregor herein; er hatte also eine lange Zeit, um ungestört zu überlegen, wie
er sein Leben jetzt neu ordnen sollte. Aber das hohe freie Zim-
35 mer, in dem er gezwungen war, flach auf dem Boden zu liegen,
ängstigte ihn, ohne dass er die Ursache herausfinden konnte,
denn es war ja sein seit fünf Jahren von ihm bewohntes Zimmer

– und mit einer halb unbewussten Wendung und nicht ohne eine leichte Scham eilte er unter das Kanapee[1], wo er sich, trotzdem sein Rücken ein wenig gedrückt wurde und trotzdem er den Kopf nicht mehr erheben konnte, gleich sehr behaglich fühlte und nur
5 bedauerte, dass sein Körper zu breit war, um vollständig unter dem Kanapee untergebracht zu werden.

Dort blieb er die ganze Nacht, die er zum Teil im Halbschlaf, aus dem ihn der Hunger immer wieder aufschreckte, verbrachte, zum Teil aber in Sorgen und undeutlichen Hoffnungen, die aber
10 alle zu dem Schlusse führten, dass er sich vorläufig ruhig verhalten und durch Geduld und größte Rücksichtnahme der Familie die Unannehmlichkeiten erträglich machen müsse, die er ihr in seinem gegenwärtigen Zustand nun einmal zu verursachen gezwungen war.

15 Schon am frühen Morgen, es war fast noch Nacht, hatte Gregor Gelegenheit, die Kraft seiner eben gefassten Entschlüsse zu prüfen, denn vom Vorzimmer her öffnete die Schwester, fast völlig angezogen, die Tür und sah mit Spannung herein. Sie fand ihn nicht gleich, aber als sie ihn unter dem Kanapee bemerkte – Gott,
20 er musste doch irgendwo sein, er hatte doch nicht wegfliegen können – erschrak sie so sehr, dass sie, ohne sich beherrschen zu können, die Tür von außen wieder zuschlug. Aber als bereue sie ihr Benehmen, öffnete sie die Tür sofort wieder und trat, als sei sie bei einem Schwerkranken oder gar bei einem
25 Fremden, auf den Fußspitzen herein. Gregor hatte den Kopf bis knapp zum Rande des Kanapees vorgeschoben und beobachtete sie. Ob sie wohl bemerken würde, dass er die Milch stehen gelassen hatte, und zwar keineswegs aus Mangel an Hunger, und ob sie eine andere Speise hereinbringen würde, die ihm besser entsprach? Täte sie es nicht von selbst, er wollte lieber verhungern,
30 als sie darauf aufmerksam machen, trotzdem es ihn eigentlich ungeheuer drängte, unterm Kanapee vorzuschießen, sich der Schwester zu Füßen zu werfen und sie um irgendetwas Gutes zum Essen zu bitten. Aber die Schwester bemerkte sofort mit Ver-
35 wunderung den noch vollen Napf, aus dem nur ein wenig Milch

---

[1] veraltet für Sofa, Polsterbank

ringsherum verschüttet war, sie hob ihn gleich auf, zwar nicht mit
den bloßen Händen, sondern mit einem Fetzen, und trug ihn hinaus. Gregor war äußerst neugierig, was sie zum Ersatze bringen
würde, und er machte sich die verschiedensten Gedanken darüber. Niemals aber hätte er erraten können, was die Schwester in
ihrer Güte wirklich tat. Sie brachte ihm, um seinen Geschmack
zu prüfen, eine ganze Auswahl, alles auf einer alten Zeitung ausgebreitet. Da war altes halb verfaultes Gemüse; Knochen vom
Nachtmahl her, die von fest gewordener weißer Sauce umgeben
waren; ein paar Rosinen und Mandeln; ein Käse, den Gregor vor
zwei Tagen für ungenießbar erklärt hatte; ein trockenes Brot, ein
mit Butter beschmiertes Brot und ein mit Butter beschmiertes
und gesalzenes Brot. Außerdem stellte sie zu dem allen noch den
wahrscheinlich ein für allemal für Gregor bestimmten Napf, in
den sie Wasser gegossen hatte. Und aus Zartgefühl, da sie wusste,
dass Gregor vor ihr nicht essen würde, entfernte sie sich eiligst
und drehte sogar den Schlüssel um, damit nur Gregor merken
könnte, dass er es sich so behaglich machen dürfe, wie er wolle.
Gregors Beinchen schwirrten, als es jetzt zum Essen ging. Seine
Wunden mussten übrigens auch schon vollständig geheilt sein,
er fühlte keine Behinderung mehr, er staunte darüber und dachte
daran, wie er vor mehr als einem Monat sich mit dem Messer
ganz wenig in den Finger geschnitten, und wie ihm diese Wunde
noch vorgestern genug wehgetan hatte. „Sollte ich jetzt weniger
Feingefühl haben?", dachte er und saugte schon gierig an dem
Käse, zu dem es ihn vor allen anderen Speisen sofort und nach-
drücklich gezogen hatte. Rasch hintereinander und mit vor Befriedigung tränenden Augen verzehrte er den Käse, das Gemüse
und die Sauce; die frischen Speisen dagegen schmeckten ihm
nicht, er konnte nicht einmal ihren Geruch vertragen und
schleppte sogar die Sachen, die er essen wollte, ein Stückchen
weiter weg. Er war schon längst mit allem fertig und lag nur noch
faul auf der gleichen Stelle, als die Schwester zum Zeichen, dass
er sich zurückziehen solle, langsam den Schlüssel umdrehte. Das
schreckte ihn sofort auf, trotzdem er schon fast schlummerte,
und er eilte wieder unter das Kanapee. Aber es kostete ihn große
Selbstüberwindung, auch nur die kurze Zeit, während welcher

die Schwester im Zimmer war, unter dem Kanapee zu bleiben,
denn von dem reichlichen Essen hatte sich sein Leib ein wenig
gerundet und er konnte dort in der Enge kaum atmen. Unter kleinen Erstickungsanfällen sah er mit etwas hervorgequollenen
5 Augen zu, wie die nichts ahnende Schwester mit einem Besen
nicht nur die Überbleibsel zusammenkehrte, sondern selbst
die von Gregor gar nicht berührten Speisen, als seien also auch
diese nicht mehr zu gebrauchen, und wie sie alles hastig in einen
Kübel schüttete, den sie mit einem Holzdeckel schloss, worauf
10 sie alles hinaustrug. Kaum hatte sie sich umgedreht, zog sich
schon Gregor unter dem Kanapee hervor und streckte und blähte
sich.

Auf diese Weise bekam nun Gregor täglich sein Essen, einmal am
Morgen, wenn die Eltern und das Dienstmädchen noch schliefen,
15 das zweite Mal nach dem allgemeinen Mittagessen, denn dann
schliefen die Eltern gleichfalls noch ein Weilchen und das Dienstmädchen wurde von der Schwester mit irgendeiner Besorgung
weggeschickt. Gewiss wollten auch sie nicht, dass Gregor verhun-
gere, aber vielleicht hätten sie es nicht ertragen können, von sei-
20 nem Essen mehr als durch Hörensagen zu erfahren, vielleicht
wollte die Schwester ihnen auch eine möglicherweise nur kleine
Trauer ersparen, denn tatsächlich litten sie ja gerade genug.

Mit welchen Ausreden man an jenem ersten Vormittag den Arzt
und den Schlosser wieder aus der Wohnung geschafft hatte,
25 konnte Gregor gar nicht erfahren, denn da er nicht verstanden
wurde, dachte niemand daran, auch die Schwester nicht, dass er
die anderen verstehen könne, und so musste er sich, wenn die
Schwester in seinem Zimmer war, damit begnügen, nur hier und
da ihre Seufzer und Anrufe der Heiligen zu hören. Erst später, als
30 sie sich ein wenig an alles gewöhnt hatte – von vollständiger Gewöhnung konnte natürlich niemals die Rede sein –, erhaschte
Gregor manchmal eine Bemerkung, die freundlich gemeint war
oder so gedeutet werden konnte. „Heute hat es ihm aber ge-
schmeckt", sagte sie, wenn Gregor unter dem Essen tüchtig auf-
35 geräumt hatte, während sie im gegenteiligen Fall, der sich allmählich immer häufiger wiederholte, fast traurig zu sagen
pflegte: „Nun ist wieder alles stehen geblieben."

Während aber Gregor unmittelbar keine Neuigkeit erfahren konnte, erhorchte er manches aus den Nebenzimmern, und wo er nur einmal Stimmen hörte, lief er gleich zu der betreffenden Tür und drückte sich mit ganzem Leib an sie. Besonders in der
5 ersten Zeit gab es kein Gespräch, das nicht irgendwie, wenn auch nur im Geheimen, von ihm handelte. Zwei Tage lang waren bei allen Mahlzeiten Beratungen darüber zu hören, wie man sich jetzt verhalten solle; aber auch zwischen den Mahlzeiten sprach man über das gleiche Thema, denn immer waren zumindest zwei
10 Familienmitglieder zu Hause, da wohl niemand allein zu Hause bleiben wollte und man die Wohnung doch auf keinen Fall gänzlich verlassen konnte. Auch hatte das Dienstmädchen gleich am ersten Tag – es war nicht ganz klar, was und wie viel sie von dem Vorgefallenen wusste – kniefällig die Mutter gebeten, sie sofort zu
15 entlassen, und als sie sich eine Viertelstunde danach verabschiedete, dankte sie für die Entlassung unter Tränen, wie für die größte Wohltat, die man ihr hier erwiesen hatte, und gab, ohne dass man es von ihr verlangte, einen fürchterlichen Schwur ab, niemandem auch nur das Geringste zu verraten.
20 Nun musste die Schwester im Verein mit der Mutter auch kochen; allerdings machte das nicht viel Mühe, denn man aß fast nichts. Immer wieder hörte Gregor, wie der eine den anderen vergebens zum Essen aufforderte und keine andere Antwort bekam, als: „Danke, ich habe genug" oder etwas Ähnliches. Getrunken
25 wurde vielleicht auch nichts. Öfters fragte die Schwester den Vater, ob er Bier haben wolle, und herzlich erbot sie sich, es selbst zu holen, und als der Vater schwieg, sagte sie, um ihm jedes Bedenken zu nehmen, sie könne auch die Hausmeisterin darum schicken, aber dann sagte der Vater schließlich ein großes „Nein",
30 und es wurde nicht mehr davon gesprochen.
Schon im Laufe des ersten Tages legte der Vater die ganzen Vermögensverhältnisse und Aussichten sowohl der Mutter als auch der Schwester dar. Hie und da stand er vom Tische auf und holte aus seiner kleinen Wertheimkassa[1], die er aus dem vor fünf Jah-
35 ren erfolgten Zusammenbruch seines Geschäftes gerettet hatte,

---

[1] Tresor für die Aufbewahrung von Wertsachen

irgendeinen Beleg oder irgendein Vormerkbuch[1]. Man hörte, wie er das komplizierte Schloss aufsperrte und nach Entnahme des Gesuchten wieder verschloss. Diese Erklärungen des Vaters waren zum Teil das erste Erfreuliche, was Gregor seit seiner Gefan-
5 genschaft zu hören bekam. Er war der Meinung gewesen, dass dem Vater von jenem Geschäft her nicht das Geringste übrig geblieben war, zumindest hatte ihm der Vater nichts Gegenteiliges gesagt und Gregor allerdings hatte ihn auch nicht darum gefragt. Gregors Sorge war damals nur gewesen, alles daranzusetzen, um
10 die Familie das geschäftliche Unglück, das alle in eine vollständige Hoffnungslosigkeit gebracht hatte, möglichst rasch vergessen zu lassen. Und so hatte er damals mit ganz besonderem Feuer zu arbeiten angefangen und war fast über Nacht aus einem kleinen Kommis[2] ein Reisender geworden, der natürlich ganz
15 andere Möglichkeiten des Geldverdienens hatte und dessen Arbeitserfolge sich sofort in Form der Provision zu Bargeld verwandelten, das der erstaunten und beglückten Familie zu Hause auf den Tisch gelegt werden konnte. Es waren schöne Zeiten gewesen und niemals nachher hatten sie sich, wenigstens in diesem
20 Glanze, wiederholt, trotzdem Gregor später so viel Geld verdiente, dass er den Aufwand der ganzen Familie zu tragen imstande war und auch trug. Man hatte sich eben daran gewöhnt, sowohl die Familie, als auch Gregor, man nahm das Geld dankbar an, er lieferte es gern ab, aber eine besondere Wärme wollte sich nicht
25 mehr ergeben. Nur die Schwester war Gregor doch noch nahegeblieben und es war sein geheimer Plan, sie, die zum Unterschied von Gregor Musik sehr liebte und rührend Violine zu spielen verstand, nächstes Jahr, ohne Rücksicht auf die großen Kosten, die das verursachen musste und die man schon auf andere Weise
30 hereinbringen würde, auf das Konservatorium[3] zu schicken. Öfters während der kurzen Aufenthalte Gregors in der Stadt wurde

---

[1] kleines Heft, das zum Vormerken geschäftlicher Angelegenheiten und Aufträge genutzt wird

[2] Handlungsgehilfe mit einem zumeist hohen Arbeitspensum bei geringer Bezahlung

[3] (von lat. conservare = bewahren) höhere Ausbildungsschule für angehende Musiker

in den Gesprächen mit der Schwester das Konservatorium erwähnt, aber immer nur als schöner Traum, an dessen Verwirklichung nicht zu denken war, und die Eltern hörten nicht einmal diese unschuldigen Erwähnungen gern; aber Gregor dachte sehr bestimmt daran und beabsichtigte, es am Weihnachtsabend feierlich zu erklären.

Solche in seinem gegenwärtigen Zustand ganz nutzlose Gedanken gingen ihm durch den Kopf, während er dort aufrecht an der Türe klebte und horchte. Manchmal konnte er vor allgemeiner Müdigkeit gar nicht mehr zuhören und ließ den Kopf nachlässig gegen die Tür schlagen, hielt ihn aber sofort wieder fest, denn selbst das kleine Geräusch, das er damit verursacht hatte, war nebenan gehört worden und hatte alle verstummen lassen. „Was er nur wieder treibt", sagte der Vater nach einer Weile, offenbar zur Türe hingewendet, und dann erst wurde das unterbrochene Gespräch allmählich wieder aufgenommen.

Gregor erfuhr nun zur Genüge – denn der Vater pflegte sich in seinen Erklärungen öfters zu wiederholen, teils, weil er selbst sich mit diesen Dingen schon lange nicht beschäftigt hatte, teils auch, weil die Mutter nicht alles gleich beim ersten Mal verstand –, dass trotz allen Unglücks ein allerdings ganz kleines Vermögen aus der alten Zeit noch vorhanden war, das die nicht angerührten Zinsen in der Zwischenzeit ein wenig hatten anwachsen lassen. Außerdem aber war das Geld, das Gregor allmonatlich nach Hause gebracht hatte – er selbst hatte nur ein paar Gulden für sich behalten –, nicht vollständig aufgebraucht worden und hatte sich zu einem kleinen Kapital angesammelt. Gregor, hinter seiner Türe, nickte eifrig, erfreut über diese unerwartete Vorsicht und Sparsamkeit. Eigentlich hätte er ja mit diesen überschüssigen Geldern die Schuld des Vaters gegenüber dem Chef weiter abgetragen haben können, und jener Tag, an dem er diesen Posten hätte loswerden können, wäre weit näher gewesen, aber jetzt war es zweifellos besser so, wie es der Vater eingerichtet hatte.

Nun genügte dieses Geld aber ganz und gar nicht, um die Familie etwa von den Zinsen leben zu lassen; es genügte vielleicht, um die Familie ein, höchstens zwei Jahre zu erhalten, mehr war es nicht. Es war also bloß eine Summe, die man eigentlich nicht

angreifen durfte und die für den Notfall zurückgelegt werden
musste; das Geld zum Leben aber musste man verdienen. Nun
war aber der Vater ein zwar gesunder, aber alter Mann, der schon
fünf Jahre nichts gearbeitet hatte und sich jedenfalls nicht viel
zutrauen durfte; er hatte in diesen fünf Jahren, welche die ersten
Ferien seines mühevollen und doch erfolglosen Lebens waren,
viel Fett angesetzt und war dadurch recht schwerfällig geworden.
Und die alte Mutter sollte nun vielleicht Geld verdienen, die an
Asthma litt, der eine Wanderung durch die Wohnung schon Anstrengung verursachte und die jeden zweiten Tag in Atembeschwerden auf dem Sofa beim offenen Fenster verbrachte? Und
die Schwester sollte Geld verdienen, die noch ein Kind war mit
ihren siebzehn Jahren und der ihre bisherige Lebensweise so sehr
zu gönnen war, die daraus bestanden hatte, sich nett zu kleiden,
lange zu schlafen, in der Wirtschaft[1] mitzuhelfen, an ein paar bescheidenen Vergnügungen sich zu beteiligen und vor allem Violine zu spielen? Wenn die Rede auf die Notwendigkeit des Geldverdienens kam, ließ zuerst immer Gregor die Türe los und warf sich
auf das neben der Tür befindliche kühle Ledersofa, denn ihm war
ganz heiß vor Beschämung und Trauer.

Oft lag er dort die ganzen langen Nächte über, schlief keinen Augenblick und scharrte nur stundenlang auf dem Leder. Oder er
scheute nicht die große Mühe, einen Sessel zum Fenster zu schieben, dann die Fensterbrüstung hinaufzukriechen und, in den
Sessel gestemmt, sich ans Fenster zu lehnen, offenbar nur in irgendeiner Erinnerung an das Befreiende, das früher für ihn darin
gelegen war, aus dem Fenster zu schauen. Denn tatsächlich sah er
von Tag zu Tag die auch nur ein wenig entfernten Dinge immer
undeutlicher; das gegenüberliegende Krankenhaus, dessen nur
allzu häufigen Anblick er früher verflucht hatte, bekam er überhaupt nicht mehr zu Gesicht, und wenn er nicht genau gewusst
hätte, dass er in der stillen, aber völlig städtischen Charlottenstra-
ße wohnte, hätte er glauben können, von seinem Fenster aus in
eine Einöde zu schauen, in welcher der graue Himmel und die
graue Erde ununterscheidbar sich vereinigten. Nur zweimal hatte

---

[1] hier: Haushalt

die aufmerksame Schwester sehen müssen, dass der Sessel beim Fenster stand, als sie schon jedes Mal, nachdem sie das Zimmer aufgeräumt hatte, den Sessel wieder genau zum Fenster hinschob, ja sogar von nun ab den inneren Fensterflügel offen ließ.

5 Hätte Gregor nur mit der Schwester sprechen und ihr für alles danken können, was sie für ihn machen musste, er hätte ihre Dienste leichter ertragen; so aber litt er darunter. Die Schwester suchte freilich die Peinlichkeit des Ganzen möglichst zu verwischen, und je längere Zeit verging, desto besser gelang es ihr na-
10 türlich auch, aber auch Gregor durchschaute mit der Zeit alles viel genauer. Schon ihr Eintritt war für ihn schrecklich. Kaum war sie eingetreten, lief sie, ohne sich Zeit zu nehmen, die Türe zu schließen, so sehr sie sonst darauf achtete, jedem den Anblick von Gregors Zimmer zu ersparen, geradewegs zum Fenster und
15 riss es, als erstricke sie fast, mit hastigen Händen auf, blieb auch, selbst wenn es noch so kalt war, ein Weilchen beim Fenster und atmete tief. Mit diesem Laufen und Lärmen erschreckte sie Gregor täglich zweimal; die ganze Zeit über zitterte er unter dem Kanapee und wusste doch sehr gut, dass sie ihn gewiss gerne da-
20 mit verschont hätte, wenn es ihr nur möglich gewesen wäre, sich in einem Zimmer, in dem sich Gregor befand, bei geschlossenem Fenster aufzuhalten.

Einmal, es war wohl schon ein Monat seit Gregors Verwandlung vergangen, und es war doch schon für die Schwester kein beson-
25 derer Grund mehr, über Gregors Aussehen in Erstaunen zu geraten, kam sie ein wenig früher als sonst und traf Gregor noch an, wie er, unbeweglich und so recht zum Erschrecken aufgestellt, aus dem Fenster schaute. Es wäre für Gregor nicht unerwartet gewesen, wenn sie nicht eingetreten wäre, da er sie durch seine
30 Stellung verhinderte, sofort das Fenster zu öffnen, aber sie trat nicht nur nicht ein, sie fuhr sogar zurück und schloss die Tür; ein Fremder hätte geradezu denken können, Gregor habe ihr aufgelauert und habe sie beißen wollen. Gregor versteckte sich natürlich sofort unter dem Kanapee, aber er musste bis zum Mittag
35 warten, ehe die Schwester wiederkam, und sie schien viel unruhiger als sonst. Er erkannte daraus, dass ihr sein Anblick noch immer unerträglich war und ihr auch weiterhin unerträglich blei-

ben müsse, und dass sie sich wohl sehr überwinden musste, vor dem Anblick auch nur der kleinen Partie seines Körpers nicht davonzulaufen, mit der er unter dem Kanapee hervorragte. Um ihr auch diesen Anblick zu ersparen, trug er eines Tages auf sei-
nem Rücken – er brauchte zu dieser Arbeit vier Stunden – das Leintuch auf das Kanapee und ordnete es in einer solchen Weise an, dass er nun gänzlich verdeckt war und dass die Schwester, selbst wenn sie sich bückte, ihn nicht sehen konnte. Wäre dieses Leintuch ihrer Meinung nach nicht nötig gewesen, dann hätte sie
es ja entfernen können, denn dass es nicht zum Vergnügen Gregors gehören konnte, sich so ganz und gar abzusperren, war doch klar genug, aber sie ließ das Leintuch so, wie es war, und Gregor glaubte sogar, einen dankbaren Blick erhascht zu haben, als er einmal mit dem Kopf vorsichtig das Leintuch ein wenig lüftete,
um nachzusehen, wie die Schwester die neue Einrichtung aufnahm.

In den ersten vierzehn Tagen konnten es die Eltern nicht über sich bringen, zu ihm hereinzukommen, und er hörte oft, wie sie die jetzige Arbeit der Schwester völlig anerkannten, während sie
sich bisher häufig über die Schwester geärgert hatten, weil sie ihnen als ein etwas nutzloses Mädchen erschienen war. Nun aber warteten oft beide, der Vater und die Mutter, vor Gregors Zimmer, während die Schwester dort aufräumte, und kaum war sie herausgekommen, musste sie ganz genau erzählen, wie es in dem Zimmer aussah, was Gregor gegessen hatte, wie er sich diesmal benommen hatte und ob vielleicht eine kleine Besserung zu bemerken war. Die Mutter übrigens wollte verhältnismäßig bald Gregor besuchen, aber der Vater und die Schwester hielten sie zuerst mit Vernunftgründen zurück, denen Gregor sehr aufmerksam zu-
hörte und die er vollständig billigte. Später aber musste man sie mit Gewalt zurückhalten, und wenn sie dann rief: „Lasst mich doch zu Gregor, er ist ja mein unglücklicher Sohn! Begreift ihr es denn nicht, dass ich zu ihm muss?", dann dachte Gregor, dass es vielleicht doch gut wäre, wenn die Mutter hereinkäme, nicht jeden Tag natürlich, aber vielleicht einmal in der Woche; sie verstand doch alles viel besser als die Schwester, die trotz all ihrem Mute doch nur ein Kind war und im letzten Grunde vielleicht nur

aus kindlichem Leichtsinn eine so schwere Aufgabe übernom-
men hatte.

Der Wunsch Gregors, die Mutter zu sehen, ging bald in Erfül-
lung. Während des Tages wollte Gregor schon aus Rücksicht auf
seine Eltern sich nicht beim Fenster zeigen, kriechen konnte er
aber auf den paar Quadratmetern des Fußbodens auch nicht viel,
das ruhige Liegen ertrug er schon während der Nacht schwer, das
Essen machte ihm bald nicht mehr das geringste Vergnügen und
so nahm er zur Zerstreuung die Gewohnheit an, kreuz und quer
über Wände und Plafond[1] zu kriechen. Besonders oben auf der
Decke hing er gern; es war ganz anders als das Liegen auf dem
Fußboden; man atmete freier; ein leichtes Schwingen ging durch
den Körper; und in der fast glücklichen Zerstreutheit, in der sich
Gregor dort oben befand, konnte es geschehen, dass er zu seiner
eigenen Überraschung sich losließ und auf den Boden klatschte.
Aber nun hatte er natürlich seinen Körper ganz anders in der
Gewalt als früher und beschädigte sich selbst bei einem so groß-
en Falle nicht. Die Schwester nun bemerkte sofort die neue Un-
terhaltung, die Gregor für sich gefunden hatte – er hinterließ ja
auch beim Kriechen hie und da Spuren seines Klebstoffes –, und
da setzte sie es sich in den Kopf, Gregor das Kriechen in größtem
Ausmaße zu ermöglichen und die Möbel, die es verhinderten, also vor allem den Kasten und den Schreibtisch, wegzuschaffen.
Nun war sie aber nicht imstande, dies allein zu tun; den Vater
wagte sie nicht um Hilfe zu bitten; das Dienstmädchen hätte ihr
ganz gewiss nicht geholfen, denn dieses etwa sechzehnjähri-
ge Mädchen harrte zwar tapfer seit Entlassung der früheren Köchin aus, hatte aber um die Vergünstigung gebeten, die Küche
unaufhörlich versperrt halten zu dürfen und nur auf besonderen
Anruf öffnen zu müssen; so blieb der Schwester also nichts übrig,
als einmal in Abwesenheit des Vaters die Mutter zu holen. Mit
Ausrufen erregter Freude kam die Mutter auch heran, verstummte aber an der Tür vor Gregors Zimmer. Zuerst sah natürlich die Schwester nach, ob alles im Zimmer in Ordnung war;
dann erst ließ sie die Mutter eintreten. Gregor hatte in größter

---

[1] Zimmerdecke

Eile das Leintuch noch tiefer und mehr in Falten gezogen, das Ganze sah wirklich nur wie ein zufällig über das Kanapee geworfenes Leintuch aus. Gregor unterließ auch diesmal, unter dem Leintuch zu spionieren; er verzichtete darauf, die Mutter schon
5 diesmal zu sehen, und war nur froh, dass sie nun doch gekommen war. „Komm nur, man sieht ihn nicht", sagte die Schwester und offenbar führte sie die Mutter an der Hand. Gregor hörte nun, wie die zwei schwachen Frauen den immerhin schweren alten Kasten von seinem Platze rückten und wie die Schwester
10 immerfort den größten Teil der Arbeit für sich beanspruchte, ohne auf die Warnungen der Mutter zu hören, welche fürchtete, dass sie sich überanstrengen werde. Es dauerte sehr lange. Wohl nach schon viertelstündiger Arbeit sagte die Mutter, man solle den Kasten doch lieber hier lassen, denn erstens sei er zu schwer,
15 sie würden vor Ankunft des Vaters nicht fertig werden und mit dem Kasten in der Mitte des Zimmers Gregor jeden Weg verrammeln, zweitens aber sei es doch gar nicht sicher, dass Gregor mit der Entfernung der Möbel ein Gefallen geschehe. Ihr scheine das Gegenteil der Fall zu sein; ihr bedrücke der Anblick der leeren
20 Wand geradezu das Herz; und warum solle nicht auch Gregor diese Empfindung haben, da er doch an die Zimmermöbel längst gewöhnt sei und sich deshalb im leeren Zimmer verlassen fühlen werde. „Und ist es denn nicht so", schloss die Mutter ganz leise, wie sie überhaupt fast flüsterte, als wolle sie vermeiden, dass Gre-
25 gor, dessen genauen Aufenthalt sie ja nicht kannte, auch nur den Klang der Stimme höre, denn dass er die Worte nicht verstand, davon war sie überzeugt, „und ist es nicht so, als ob wir durch die Entfernung der Möbel zeigten, dass wir jede Hoffnung auf Besserung aufgeben und ihn rücksichtslos sich selbst überlassen? Ich
30 glaube, es wäre das Beste, wir suchen das Zimmer genau in dem Zustand zu erhalten, in dem es früher war, damit Gregor, wenn er wieder zu uns zurückkommt, alles unverändert findet und umso leichter die Zwischenzeit vergessen kann."
Beim Anhören dieser Worte der Mutter erkannte Gregor, dass der
35 Mangel jeder unmittelbaren menschlichen Ansprache, verbunden mit dem einförmigen Leben inmitten der Familie, im Laufe dieser zwei Monate seinen Verstand hatte verwirren müssen,

denn anders konnte er es sich nicht erklären, dass er ernsthaft
danach hatte verlangen können, dass sein Zimmer ausgeleert
würde. Hatte er wirklich Lust, das warme, mit ererbten Möbeln
gemütlich ausgestattete Zimmer in eine Höhle verwandeln zu
5 lassen, in der er dann freilich nach allen Richtungen ungestört
würde kriechen können, jedoch auch unter gleichzeitigem
schnellen, gänzlichen Vergessen seiner menschlichen Vergangenheit? War er doch jetzt schon nahe daran zu vergessen, und
nur die seit langem nicht gehörte Stimme der Mutter hatte ihn
10 aufgerüttelt. Nichts sollte entfernt werden; alles musste bleiben;
die guten Einwirkungen der Möbel auf seinen Zustand konnte er
nicht entbehren; und wenn die Möbel ihn hinderten, das sinnlose
Herumkriechen zu betreiben, so war es kein Schaden, sondern
ein großer Vorteil.
15 Aber die Schwester war leider anderer Meinung; sie hatte sich,
allerdings nicht ganz unberechtigt, angewöhnt, bei Besprechung
der Angelegenheiten Gregors als besonders Sachverständige gegenüber den Eltern aufzutreten, und so war auch jetzt der Rat der
Mutter für die Schwester Grund genug, auf der Entfernung nicht
20 nur des Kastens und des Schreibtisches, an die sie zuerst allein
gedacht hatte, sondern auf der Entfernung sämtlicher Möbel, mit
Ausnahme des unentbehrlichen Kanapees, zu bestehen. Es war
natürlich nicht nur kindlicher Trotz und das in der letzten Zeit so
unerwartet und schwer erworbene Selbstvertrauen, das sie zu die-
25 ser Forderung bestimmte; sie hatte doch auch tatsächlich beobachtet, dass Gregor viel Raum zum Kriechen brauchte, dagegen die Möbel, soweit man sehen konnte, nicht im Geringsten
benützte. Vielleicht aber spielte auch der schwärmerische Sinn
der Mädchen ihres Alters mit, der bei jeder Gelegenheit seine Be-
30 friedigung sucht, und durch den Grete jetzt sich dazu verlocken
ließ, die Lage Gregors noch Schreck erregender machen zu wollen, um dann noch mehr als bis jetzt für ihn leisten zu können.
Denn in einen Raum, in dem Gregor ganz allein die leeren Wände beherrschte, würde wohl kein Mensch außer Grete jemals ein-
35 zutreten sich getrauen.
Und so ließ sie sich von ihrem Entschlusse durch die Mutter
nicht abbringen, die auch in diesem Zimmer vor lauter Unruhe

unsicher schien, bald verstummte und der Schwester nach Kräften beim Hinausschaffen des Kastens half. Nun, den Kasten konnte Gregor im Notfall noch entbehren, aber schon der Schreibtisch musste bleiben. Und kaum hatten die Frauen mit dem Kasten, an den sie sich ächzend drückten, das Zimmer verlassen, als Gregor den Kopf unter dem Kanapee hervorstieß, um zu sehen, wie er vorsichtig und möglichst rücksichtsvoll eingreifen könnte. Aber zum Unglück war es gerade die Mutter, welche zuerst zurückkehrte, während Grete im Nebenzimmer den Kasten umfangen hielt und ihn allein hin und her schwang, ohne ihn natürlich von der Stelle zu bringen. Die Mutter aber war Gregors Anblick nicht gewöhnt, er hätte sie krank machen können, und so eilte Gregor erschrocken im Rückwärtslauf bis an das andere Ende des Kanapees, konnte es aber nicht mehr verhindern, dass das Leintuch vorne ein wenig sich bewegte. Das genügte, um die Mutter aufmerksam zu machen. Sie stockte, stand einen Augenblick still und ging dann zu Grete zurück.

Trotzdem sich Gregor immer wieder sagte, dass ja nichts Außergewöhnliches geschehe, sondern nur ein paar Möbel umgestellt würden, wirkte doch, wie er sich bald eingestehen musste, dieses Hin- und Hergehen der Frauen, ihre kleinen Zurufe, das Kratzen der Möbel auf dem Boden, wie ein großer, von allen Seiten genährter Trubel auf ihn, und er musste sich, so fest er Kopf und Beine an sich zog und den Leib bis an den Boden drückte, unweigerlich sagen, dass er das Ganze nicht lange aushalten werde. Sie räumten ihm sein Zimmer aus; nahmen ihm alles, was ihm lieb war; den Kasten, in dem die Laubsäge und andere Werkzeuge lagen, hatten sie schon hinaufgetragen; lockerten jetzt den schon im Boden fest eingegrabenen Schreibtisch, an dem er als Handelsakademiker[1], als Bürgerschüler[2], ja sogar schon als Volksschüler seine Aufgaben geschrieben hatte, – da hatte er wirklich

---

[1] Absolvent einer Akademie aus dem österreichischen Bildungswesen mit einer kaufmännischen oder betriebswirtschaftlichen Ausrichtung.

[2] Die Bürgerschule ist eine Einrichtung, die einen mittleren Bildungsweg vorsieht und deren Lehrplan besonders auf die Bedürfnisse Gewerbetreibender abgestimmt ist.

keine Zeit mehr, die guten Absichten zu prüfen, welche die zwei
Frauen hatten, deren Existenz er übrigens fast vergessen hatte,
denn vor Erschöpfung arbeiteten sie schon stumm und man
hörte nur das schwere Tappen ihrer Füße.

5 Und so brach er denn hervor – die Frauen stützten sich gerade im
Nebenzimmer an den Schreibtisch, um ein wenig zu verschnau-
fen –, wechselte viermal die Richtung des Laufes, er wusste wirklich nicht, was er zuerst retten sollte, da sah er an der im Übrigen
schon leeren Wand auffallend das Bild der in lauter Pelzwerk ge-
10 kleideten Dame hängen, kroch eilends hinauf und presste sich an
das Glas, das ihn festhielt und seinem heißen Bauch wohltat. Dieses Bild wenigstens, das Gregor jetzt ganz verdeckte, würde nun
gewiss niemand wegnehmen. Er verdrehte den Kopf nach der Tür
des Wohnzimmers, um die Frauen bei ihrer Rückkehr zu be-
15 obachten.

Sie hatten sich nicht viel Ruhe gegönnt und kamen schon wieder;
Grete hatte den Arm um die Mutter gelegt und trug sie fast. „Also
was nehmen wir jetzt?", sagte Grete und sah sich um. Da kreuz-
ten sich ihre Blicke mit denen Gregors an der Wand. Wohl nur
20 infolge der Gegenwart der Mutter behielt sie ihre Fassung, beugte
ihr Gesicht zur Mutter, um diese vom Herumschauen abzuhal-
ten, und sagte, allerdings zitternd und unüberlegt: „Komm, wollen wir nicht lieber auf einen Augenblick noch ins Wohnzimmer
zurückgehen?" Die Absicht Gretes war für Gregor klar, sie wollte
25 die Mutter in Sicherheit bringen und dann ihn von der Wand hi-
nunterjagen. Nun, sie konnte es ja immerhin versuchen! Er saß
auf seinem Bild und gab es nicht her. Lieber würde er Grete ins
Gesicht springen.

Aber Gretes Worte hatten die Mutter erst recht beunruhigt, sie trat
30 zur Seite, erblickte den riesigen braunen Fleck auf der geblümten
Tapete, rief, ehe ihr eigentlich zum Bewusstsein kam, dass das
Gregor war, was sie sah, mit schreiender, rauer Stimme: „Ach
Gott, ach Gott!" und fiel mit ausgebreiteten Armen, als gebe sie
alles auf, über das Kanapee hin und rührte sich nicht. „Du, Gre-
35 gor!", rief die Schwester mit erhobener Faust und eindringlichen
Blicken. Es waren seit der Verwandlung die ersten Worte, die sie
unmittelbar an ihn gerichtet hatte. Sie lief ins Nebenzimmer, um

irgendeine Essenz[1] zu holen, mit der sie die Mutter aus ihrer
Ohnmacht wecken könnte; Gregor wollte auch helfen – zur Rettung des Bildes war noch Zeit –; er klebte aber fest an dem Glas
und musste sich mit Gewalt losreißen; er lief dann auch ins Nebenzimmer, als könne er der Schwester irgendeinen Rat geben,
wie in früherer Zeit; musste dann aber untätig hinter ihr stehen,
während sie in verschiedenen Fläschchen kramte; erschreckte sie
noch, als sie sich umdrehte; eine Flasche fiel auf den Boden und
zerbrach; ein Splitter verletzte Gregor im Gesicht, irgendeine ät-
zende Medizin umfloss ihn; Grete nahm nun, ohne sich länger
aufzuhalten, so viel Fläschchen, als sie nur halten konnte, und
rannte mit ihnen zur Mutter hinein; die Tür schlug sie mit dem
Fuße zu. Gregor war nun von der Mutter abgeschlossen, die
durch seine Schuld vielleicht dem Tode nahe war; die Tür durfte
er nicht öffnen, wollte er die Schwester, die bei der Mutter bleiben
musste, nicht verjagen; er hatte jetzt nichts zu tun, als zu warten;
und von Selbstvorwürfen und Besorgnis bedrängt, begann er zu
kriechen, überkroch alles, Wände, Möbel und Zimmerdecke und
fiel endlich in seiner Verzweiflung, als sich das ganze Zimmer
schon um ihn zu drehen anfing, mitten auf den großen Tisch.

Es verging eine kleine Weile, Gregor lag matt da, ringsherum war
es still, vielleicht war das ein gutes Zeichen. Da läutete es. Das
Mädchen war natürlich in ihrer Küche eingesperrt und Grete
musste daher öffnen gehen. Der Vater war gekommen. „Was ist
geschehen?", waren seine ersten Worte; Gretes Aussehen hatte
ihm wohl alles verraten. Grete antwortete mit dumpfer Stimme,
offenbar drückte sie ihr Gesicht an des Vaters Brust: „Die Mutter
war ohnmächtig, aber es geht ihr schon besser. Gregor ist ausge-
brochen." „Ich habe es ja erwartet", sagte der Vater, „ich habe es
euch ja immer gesagt, aber ihr Frauen wollt nicht hören." Gregor
war es klar, dass der Vater Gretes allzu kurze Mitteilung schlecht
gedeutet hatte und annahm, dass Gregor sich irgendeine Gewalt-
tat habe zuschulden kommen lassen. Deshalb musste Gregor den
Vater jetzt zu besänftigen suchen, denn ihn aufzuklären hatte er

---

[1] Konzentrat aus pflanzlichen oder tierischen Stoffen, das häufig zu medi-
zinischen Zwecken verwendet wird

weder Zeit noch Möglichkeit. Und so flüchtete er sich zur Tür seines Zimmers und drückte sich an sie, damit der Vater beim Eintritt vom Vorzimmer her gleich sehen könne, dass Gregor die beste Absicht habe, sofort in sein Zimmer zurückzukehren, und
5 dass es nicht nötig sei, ihn zurückzutreiben, sondern dass man nur die Tür öffnen brauche, und gleich werde er verschwinden.
Aber der Vater war nicht in der Stimmung, solche Feinheiten zu bemerken; „Ah!", rief er gleich beim Eintritt in einem Tone, als sei er gleichzeitig wütend und froh. Gregor zog den Kopf von der Tür
10 zurück und hob ihn gegen den Vater. So hatte er sich den Vater wirklich nicht vorgestellt, wie er jetzt dastand; allerdings hatte er in der letzten Zeit über dem neuartigen Herumkriechen versäumt, sich so wie früher um die Vorgänge in der übrigen Wohnung zu kümmern, und hätte eigentlich darauf gefasst sein müssen, verän-
15 derte Verhältnisse anzutreffen. Trotzdem, trotzdem, war das noch der Vater? Der gleiche Mann, der müde im Bett vergraben lag, wenn früher Gregor zu einer Geschäftsreise ausgerückt war; der ihn an Abenden der Heimkehr im Schlafrock im Lehnstuhl emp-fangen hatte; gar nicht recht imstande war aufzustehen, sondern
20 zum Zeichen der Freude nur die Arme gehoben hatte, und der bei den seltenen gemeinsamen Spaziergängen an ein paar Sonntagen im Jahr und an den höchsten Feiertagen zwischen Gregor und der Mutter, die schon an und für sich langsam gingen, immer noch ein wenig langsamer, in seinen alten Mantel eingepackt, mit stets vor-
25 sichtig aufgesetztem Krückstock sich vorwärts arbeitete und, wenn er etwas sagen wollte, fast immer still stand und seine Begleitung um sich versammelte? Nun aber war er recht gut aufgerichtet; in eine straffe blaue Uniform mit Goldknöpfen gekleidet, wie sie Die-ner der Bankinstitute tragen; über dem hohen steifen Kragen des
30 Rockes entwickelte sich sein starkes Doppelkinn; unter den bu-schigen Augenbrauen drang der Blick der schwarzen Augen frisch und aufmerksam hervor; das sonst zerzauste weiße Haar war zu einer peinlich genauen, leuchtenden Scheitelfrisur niederge-kämmt. Er warf seine Mütze, auf der ein Goldmonogramm[1], wahr-

---

[1] aufgestickter verzierter Buchstabe oder eine Buchstabenkombination, die als Identifikationsmerkmal genutzt wird

scheinlich das einer Bank, angebracht war, über das ganze Zimmer
im Bogen auf das Kanapee hin und ging, die Enden seines langen
Uniformrockes zurückgeschlagen, die Hände in den Hosentaschen, mit verbissenem Gesicht auf Gregor zu. Er wusste wohl
5 selbst nicht, was er vorhatte; immerhin hob er die Füße ungewöhn-
lich hoch, und Gregor staunte über die Riesengröße seiner Stiefel-
sohlen. Doch hielt er sich dabei nicht auf, er wusste ja noch vom
ersten Tage seines neuen Lebens her, dass der Vater ihm gegenüber nur die größte Strenge für angebracht ansah. Und so lief er
10 vor dem Vater her, stockte, wenn der Vater stehen blieb, und eilte
schon wieder vorwärts, wenn sich der Vater nur rührte. So machten
sie mehrmals die Runde um das Zimmer, ohne dass sich etwas
Entscheidendes ereignete, ja ohne dass das Ganze infolge seines
langsamen Tempos den Anschein einer Verfolgung gehabt hätte.
15 Deshalb blieb auch Gregor vorläufig auf dem Fußboden, zumal er
fürchtete, der Vater könnte eine Flucht auf die Wände oder den
Plafond für besondere Bosheit halten. Allerdings musste sich Gregor sagen, dass er sogar dieses Laufen nicht lange aushalten würde, denn während der Vater einen Schritt machte, musste er eine
20 Unzahl von Bewegungen ausführen. Atemnot begann sich schon
bemerkbar zu machen, wie er ja auch in seiner früheren Zeit keine
ganz vertrauenswürdige Lunge besessen hatte. Als er nun so da-
hintorkelte, um alle Kräfte für den Lauf zu sammeln, kaum die
Augen offenhielt, in seiner Stumpfheit an eine andere Rettung als
25 durch Laufen gar nicht dachte und fast schon vergessen hatte, dass
ihm die Wände freistanden, die hier allerdings mit sorgfältig ge-
schnitzten Möbeln voll Zacken und Spitzen verstellt waren, da flog
knapp neben ihm, leicht geschleudert, irgendetwas nieder und
rollte vor ihm her. Es war ein Apfel; gleich flog ihm ein zweiter
30 nach; Gregor blieb vor Schrecken stehen; ein Weiterlaufen war
nutzlos, denn der Vater hatte sich entschlossen, ihn zu bombardie-
ren. Aus der Obstschale auf der Kredenz[1] hatte er sich die Taschen
gefüllt und warf nun, ohne vorläufig scharf zu zielen, Apfel für
Apfel. Diese kleinen roten Äpfel rollten wie elektrisiert auf dem
35 Boden herum und stießen aneinander. Ein schwach geworfener

---

[1] Esszimmermöbel

Apfel streifte Gregors Rücken, glitt aber unschädlich ab. Ein ihm
sofort nachfliegender drang dagegen förmlich in Gregors Rücken
ein; Gregor wollte sich weiterschleppen, als könne der überraschende unglaubliche Schmerz mit dem Ortswechsel vergehen;
5 doch fühlte er sich wie festgenagelt und streckte sich in vollständiger Verwirrung aller Sinne. Nur mit dem letzten Blick sah er
noch, wie die Tür seines Zimmers aufgerissen wurde und vor der
schreienden Schwester die Mutter hervoreilte, im Hemd, denn die
Schwester hatte sie entkleidet, um ihr in der Ohnmacht Atemfrei-
10 heit zu verschaffen, wie dann die Mutter auf den Vater zulief und
ihr auf dem Weg die aufgebundenen Röcke einer nach dem anderen zu Boden glitten, und wie sie stolpernd über die Röcke auf den
Vater eindrang und ihn umarmend, in gänzlicher Vereinigung mit
ihm – nun versagte aber Gregors Sehkraft schon – die Hände an
15 des Vaters Hinterkopf um Schonung von Gregors Leben bat.

III.

Die schwere Verwundung Gregors, an der er über einen Monat
litt – der Apfel blieb, da ihn niemand zu entfernen wagte, als
sichtbares Andenken im Fleisch sitzen –, schien selbst den Vater
daran erinnert zu haben, dass Gregor trotz seiner gegenwärtigen
20 traurigen und ekelhaften Gestalt ein Familienmitglied war, das
man nicht wie einen Feind behandeln durfte, sondern dem gegenüber es das Gebot der Familienpflicht war, den Widerwillen
hinunterzuschlucken und zu dulden, nichts als zu dulden.

Und wenn nun auch Gregor durch seine Wunde an Beweglich-
25 keit wahrscheinlich für immer verloren hatte und vorläufig zur
Durchquerung seines Zimmers wie ein alter Invalide[1] lange, lange Minuten brauchte – an das Kriechen in der Höhe war nicht zu
denken –, so bekam er für diese Verschlimmerung seines Zustandes einen seiner Meinung nach vollständig genügenden Er-
30 satz dadurch, dass immer gegen Abend die Wohnzimmertür, die
er schon ein bis zwei Stunden vorher scharf zu beobachten

---

[1] (lat. invalidus = schwach, hinfällig) ursprünglich Bezeichnung für einen
kriegsverletzten, dienstuntauglichen Soldaten

pflegte, geöffnet wurde, sodass er, im Dunkel seines Zimmers liegend, vom Wohnzimmer aus unsichtbar, die ganze Familie beim beleuchteten Tische sehen und ihre Reden, gewissermaßen mit allgemeiner Erlaubnis, also ganz anders als früher, anhören 5 durfte.

Freilich waren es nicht mehr die lebhaften Unterhaltungen der früheren Zeiten, an die Gregor in den kleinen Hotelzimmern stets mit einigem Verlangen gedacht hatte, wenn er sich müde in das feuchte Bettzeug hatte werfen müssen. Es ging jetzt meist 10 nur sehr still zu. Der Vater schlief bald nach dem Nachtessen in seinem Sessel ein; die Mutter und Schwester ermahnten einander zur Stille; die Mutter nähte, weit unter das Licht vorgebeugt, feine Wäsche für ein Modengeschäft; die Schwester, die eine Stellung als Verkäuferin angenommen hatte, lernte am Abend Steno-15 grafie[1] und Französisch, um vielleicht später einmal einen besseren Posten zu erreichen. Manchmal wachte der Vater auf, und als wisse er gar nicht, dass er geschlafen habe, sagte er zur Mutter: „Wie lange du heute schon wieder nähst!", und schlief sofort wieder ein, während Mutter und Schwester einander müde zulächel-20 ten.

Mit einer Art Eigensinn weigerte sich der Vater, auch zu Hause seine Dieneruniform abzulegen; und während der Schlafrock nutzlos am Kleiderhaken hing, schlummerte der Vater vollständig angezogen auf seinem Platz, als sei er immer zu seinem Dien-25 ste bereit und warte auch hier auf die Stimme des Vorgesetzten. Infolgedessen verlor die gleich anfangs nicht neue Uniform trotz aller Sorgfalt von Mutter und Schwester an Reinlichkeit, und Gregor sah oft ganze Abende lang auf dieses über und über fleckige mit seinen stets geputzten Goldknöpfen leuchtende Kleid, in dem 30 der alte Mann höchst unbequem und doch ruhig schlief.

Sobald die Uhr zehn schlug, suchte die Mutter durch leise Zusprache den Vater zu wecken und dann zu überreden ins Bett zu gehen, denn hier war es doch kein richtiger Schlaf, und diesen hatte der Vater, der um sechs Uhr seinen Dienst antreten musste,

---

[1] Kurz- bzw. Schnellschrift aus wenigen Zeichen, die das zeitgleiche Notieren gesprochener Sprache ermöglicht

äußerst nötig. Aber in dem Eigensinn, der ihn, seitdem er Diener war, ergriffen hatte, bestand er immer darauf, noch länger bei Tisch zu bleiben, trotzdem er regelmäßig einschlief, und war dann überdies nur mit der größten Mühe zu bewegen, den Sessel
5 mit dem Bett zu vertauschen. Da mochten Mutter und Schwester mit kleinen Ermahnungen noch so sehr auf ihn eindringen, viertelstundenlang schüttelte er langsam den Kopf, hielt die Augen geschlossen und stand nicht auf. Die Mutter zupfte ihn am Ärmel, sagte ihm Schmeichelworte ins Ohr, die Schwester verließ
10 ihre Aufgabe, um der Mutter zu helfen, aber beim Vater verfing das nicht. Er versank nur noch tiefer in seinen Sessel. Erst bis ihn die Frauen unter den Achseln fassten, schlug er die Augen auf, sah abwechselnd die Mutter und die Schwester an und pflegte zu sagen: „Das ist ein Leben. Das ist die Ruhe meiner alten Tage."
15 Und auf die beiden Frauen gestützt, erhob er sich, umständlich, als sei er für sich selbst die größte Last, ließ sich von den Frauen bis zur Türe führen, winkte ihnen dort ab und ging nun selbstständig weiter, während die Mutter ihr Nähzeug, die Schwester ihre Feder eiligst hinwarfen, um hinter dem Vater zu laufen und
20 ihm weiter behilflich zu sein.

Wer hatte in dieser abgearbeiteten und übermüdeten Familie Zeit, sich um Gregor mehr zu kümmern, als unbedingt nötig war? Der Haushalt wurde immer mehr eingeschränkt; das Dienstmädchen wurde nun doch entlassen; eine riesige knochige
25 Bedienerin mit weißem, den Kopf umflatterndem Haar kam des Morgens und des Abends, um die schwerste Arbeit zu leisten; alles andere besorgte die Mutter neben ihrer vielen Näharbeit. Es geschah sogar, dass verschiedene Familienschmuckstücke, welche früher die Mutter und die Schwester überglücklich bei Unter-
30 haltungen und Feierlichkeiten getragen hatten, verkauft wurden, wie Gregor am Abend aus der allgemeinen Besprechung der erzielten Preise erfuhr. Die größte Klage war aber stets, dass man diese für die gegenwärtigen Verhältnisse allzugroße Wohnung nicht verlassen konnte, da es nicht auszudenken war, wie man
35 Gregor übersiedeln sollte. Aber Gregor sah wohl ein, dass es nicht nur die Rücksicht auf ihn war, welche eine Übersiedlung verhinderte, denn ihn hätte man doch in einer passenden Kiste mit ein

paar Luftlöchern leicht transportieren können; was die Familie hauptsächlich vom Wohnungswechsel abhielt, war vielmehr die völlige Hoffnungslosigkeit und der Gedanke daran, dass sie mit einem Unglück geschlagen war, wie niemand sonst im ganzen
5 Verwandten- und Bekanntenkreis. Was die Welt von armen Leuten verlangt, erfüllten sie bis zum Äußersten, der Vater holte den kleinen Bankbeamten das Frühstück, die Mutter opferte sich für die Wäsche fremder Leute, die Schwester lief nach dem Befehl der Kunden hinter dem Pulte hin und her, aber weiter reichten
10 die Kräfte der Familie schon nicht. Und die Wunde im Rücken fing Gregor wie neu zu schmerzen an, wenn Mutter und Schwester, nachdem sie den Vater zu Bett gebracht hatten, nun zurückkehrten, die Arbeit liegen ließen, nahe zusammenrückten, schon Wange an Wange saßen; wenn jetzt die Mutter, auf Gregors Zimmer
15 zeigend, sagte: „Mach' dort die Tür zu, Grete", und wenn nun Gregor wieder im Dunkel war, während nebenan die Frauen ihre Tränen vermischten oder gar tränenlos den Tisch anstarrten.
Die Nächte und Tage verbrachte Gregor fast ganz ohne Schlaf. Manchmal dachte er daran, beim nächsten Öffnen der Tür die
20 Angelegenheiten der Familie ganz so wie früher wieder in die Hand zu nehmen; in seinen Gedanken erschienen wieder nach langer Zeit der Chef und der Prokurist, die Kommis und die Lehrjungen, der so begriffsstutzige Hausknecht, zwei drei Freunde aus anderen Geschäften, ein Stubenmädchen aus einem Hotel in
25 der Provinz, eine liebe, flüchtige Erinnerung, eine Kassiererin aus einem Hutgeschäft, um die er sich ernsthaft, aber zu langsam beworben hatte – sie alle erschienen untermischt mit Fremden oder schon Vergessenen, aber statt ihm und seiner Familie zu helfen, waren sie sämtlich unzugänglich und er war froh, wenn
30 sie verschwanden. Dann aber war er wieder gar nicht in der Laune, sich um seine Familie zu sorgen, bloß Wut über die schlechte Wartung[1] erfüllte ihn, und trotzdem er sich nichts vorstellen konnte, worauf er Appetit gehabt hätte, machte er doch Pläne, wie er in die Speisekammer gelangen könnte, um dort zu nehmen,
35 was ihm, auch wenn er keinen Hunger hatte, immerhin gebührte.

---

[1] hier: Versorgung

Ohne jetzt mehr nachzudenken, womit man Gregor einen besonderen Gefallenen machen könnte, schob die Schwester eiligst,
ehe sie morgens und mittags ins Geschäft lief, mit dem Fuß irgendeine beliebige Speise in Gregors Zimmer hinein, um sie am
Abend, gleichgültig dagegen, ob die Speise vielleicht nur verkos-
tet oder – der häufigste Fall – gänzlich unberührt war, mit einem
Schwenken des Besens hinauszukehren. Das Aufräumen des
Zimmers, das sie nun immer abends besorgte, konnte gar nicht
mehr schneller getan sein. Schmutzstreifen zogen sich die Wände entlang, hie und da lagen Knäuel von Staub und Unrat. In der
ersten Zeit stellte sich Gregor bei der Ankunft der Schwester in
derartige besonders bezeichnende Winkel, um ihr durch diese
Stellung gewissermaßen einen Vorwurf zu machen. Aber er hätte
wohl wochenlang dort bleiben können, ohne dass sich die Schwester gebessert hätte; sie sah ja den Schmutz genauso wie er, aber
sie hatte sich eben entschlossen, ihn zu lassen. Dabei wachte sie
mit einer an ihr ganz neuen Empfindlichkeit, die überhaupt die
ganze Familie ergriffen hatte, darüber, dass das Aufräumen von
Gregors Zimmer ihr vorbehalten blieb. Einmal hatte die Mutter
Gregors Zimmer einer großen Reinigung unterzogen, die ihr nur
nach Verbrauch einiger Kübel Wasser gelungen war – die viele
Feuchtigkeit kränkte allerdings Gregor auch und er lag breit, verbittert und unbeweglich auf dem Kanapee –, aber die Strafe blieb
für die Mutter nicht aus. Denn kaum hatte am Abend die Schwester die Veränderung in Gregors Zimmer bemerkt, als sie, aufs
Höchste beleidigt, ins Wohnzimmer lief und, trotz der beschwö-
rend erhobenen Hände der Mutter, in einen Weinkrampf ausbrach, dem die Eltern – der Vater war natürlich aus seinem Sessel
aufgeschreckt worden – zuerst erstaunt und hilflos zusahen, bis
auch sie sich zu rühren anfingen; der Vater rechts der Mutter Vorwürfe machte, dass sie Gregors Zimmer nicht der Schwester zur
Reinigung überließ; links dagegen die Schwester anschrie, sie
werde niemals mehr Gregors Zimmer reinigen dürfen; während
die Mutter den Vater, der sich vor Erregung nicht mehr kannte,
ins Schlafzimmer zu schleppen suchte; die Schwester, von
Schluchzen geschüttelt, mit ihren kleinen Fäusten den Tisch be-
arbeitete; und Gregor laut vor Wut darüber zischte, dass es kei-

nem einfiel, die Tür zu schließen und ihm diesen Anblick und Lärm zu ersparen.

Aber selbst wenn die Schwester, erschöpft von ihrer Berufsarbeit, dessen überdrüssig geworden war, für Gregor, wie früher, zu sor-
5 gen, so hätte noch keineswegs die Mutter für sie eintreten müssen und Gregor hätte doch nicht vernachlässigt werden brauchen. Denn nun war die Bedienerin da. Diese alte Witwe, die in ihrem langen Leben mit Hilfe ihres starken Knochenbaues das Ärgste überstanden haben mochte, hatte keinen eigentlichen Abscheu
10 vor Gregor. Ohne irgendwie neugierig zu sein, hatte sie zufällig einmal die Tür von Gregors Zimmer aufgemacht und war beim Anblick Gregors, der, gänzlich überrascht, trotzdem ihn niemand jagte, hin- und herzulaufen begann, die Hände im Schoß gefaltet staunend stehen geblieben. Seitdem versäumte sie nicht, stets
15 flüchtig morgens und abends die Tür ein wenig zu öffnen und zu Gregor hineinzuschauen. Anfangs rief sie ihn auch zu sich herbei, mit Worten, die sie wahrscheinlich für freundlich hielt, wie „Komm mal herüber, alter Mistkäfer!" oder „Seht mal den alten Mistkäfer!" Auf solche Ansprachen antwortete Gregor mit nichts,
20 sondern blieb unbeweglich auf seinem Platz, als sei die Tür gar nicht geöffnet worden. Hätte man doch dieser Bedienerin, statt sie nach ihrer Laune ihn nutzlos stören zu lassen, lieber den Befehl gegeben, sein Zimmer täglich zu reinigen! Einmal am frühen Morgen – ein heftiger Regen, vielleicht schon ein Zeichen des
25 kommenden Frühjahrs, schlug an die Scheiben – war Gregor, als die Bedienerin mit ihren Redensarten wieder begann, derartig erbittert, dass er, wie zum Angriff, allerdings langsam und hinfällig, sich gegen sie wendete. Die Bedienerin aber, statt sich zu fürchten, hob bloß einen in der Nähe der Tür befindlichen Stuhl hoch
30 empor, und wie sie mit groß geöffnetem Munde dastand, war ihre Absicht klar, den Mund erst zu schließen, wenn der Sessel in ihrer Hand auf Gregors Rücken niederschlagen würde. „Also weiter geht es nicht?", fragte sie, als Gregor sich wieder umdrehte, und stellte den Sessel ruhig in die Ecke zurück.
35 Gregor aß nun fast gar nichts mehr. Nur wenn er zufällig an der vorbereiteten Speise vorüberkam, nahm er zum Spiel einen Bissen in den Mund, hielt ihn dort stundenlang und spie ihn dann

meist wieder aus. Zuerst dachte er, es sei die Trauer über den
Zustand seines Zimmers, die ihn vom Essen abhalte, aber gerade
mit den Veränderungen des Zimmers söhnte er sich sehr bald
aus. Man hatte sich angewöhnt, Dinge, die man anderswo nicht
5 unterbringen konnte, in dieses Zimmer hineinzustellen, und solcher Dinge gab es nun viele, da man ein Zimmer der Wohnung
an drei Zimmerherren[1] vermietet hatte. Diese ernsten Herren –
alle drei hatten Vollbärte, wie Gregor einmal durch eine Türspalte
feststellte – waren peinlich auf Ordnung, nicht nur in ihrem Zim-
10 mer, sondern, da sie sich nun einmal hier eingemietet hatten, in
der ganzen Wirtschaft, also insbesondere in der Küche, bedacht.
Unnützen oder gar schmutzigen Kram ertrugen sie nicht. Überdies hatten sie zum größten Teil ihre eigenen Einrichtungsstücke
mitgebracht. Aus diesem Grunde waren viele Dinge überflüssig
15 geworden, die zwar nicht verkäuflich waren, die man aber auch
nicht wegwerfen wollte. Alle diese wanderten in Gregors Zimmer.
Ebenso auch die Aschenkiste[2] und die Abfallkiste aus der Küche.
Was nur im Augenblick unbrauchbar war, schleuderte die Bedienerin, die es immer sehr eilig hatte, einfach in Gregors Zimmer;
20 Gregor sah glücklicherweise meist nur den betreffenden Gegen-
stand und die Hand, die ihn hielt. Die Bedienerin hatte vielleicht
die Absicht, bei Zeit und Gelegenheit die Dinge wieder zu holen
oder alle insgesamt mit einen Mal hinauszuwerfen, tatsächlich
aber blieben sie dort liegen, wohin sie durch den ersten Wurf ge-
25 kommen waren, wenn nicht Gregor sich durch das Rumpelzeug
wand und es in Bewegung brachte, zuerst gezwungen, weil kein
sonstiger Platz zum Kriechen frei war, später aber mit wachsen-
dem Vergnügen, obwohl er nach solchen Wanderungen, zum
Sterben müde und traurig, wieder stundenlang sich nicht rührte.
30 Da die Zimmerherren manchmal auch ihr Abendessen zu Hause
im gemeinsamen Wohnzimmer einnahmen, blieb die Wohnzimmertür an manchen Abenden geschlossen, aber Gregor verzichtete ganz leicht auf das Öffnen der Tür, hatte er doch schon manche
Abende, an denen sie geöffnet war, nicht ausgenützt, sondern

---

[1] Untermieter
[2] Behälter zur Aufbewahrung von Asche (z.B. aus Kohleöfen)

war, ohne dass es die Familie merkte, im dunkelsten Winkel seines Zimmers gelegen. Einmal aber hatte die Bedienerin die Tür
zum Wohnzimmer ein wenig offen gelassen und sie blieb so offen, auch als die Zimmerherren am Abend eintraten und Licht
5 gemacht wurde. Sie setzten sich oben an den Tisch, wo in früheren Zeiten der Vater, die Mutter und Gregor gesessen hatten, entfalteten die Servietten und nahmen Messer und Gabel in die
Hand. Sofort erschien in der Tür die Mutter mit einer Schüssel
Fleisch und knapp hinter ihr die Schwester mit einer Schüssel
10 hochgeschichteter Kartoffeln. Das Essen dampfte mit starkem
Rauch. Die Zimmerherren beugten sich über die vor sie hinge-
stellten Schüsseln, als wollten sie sie vor dem Essen prüfen, und
tatsächlich zerschnitt der, welcher in der Mitte saß und den anderen zwei als Autorität zu gelten schien, ein Stück Fleisch noch auf
15 der Schüssel, offenbar um festzustellen, ob es mürbe genug sei
und ob es nicht etwa in die Küche zurückgeschickt werden solle.
Er war befriedigt und Mutter und Schwester, die gespannt zuge-
sehen hatten, begannen aufatmend zu lächeln.
Die Familie selbst aß in der Küche. Trotzdem kam der Vater, ehe
20 er in die Küche ging, in dieses Zimmer herein und machte mit
einer einzigen Verbeugung, die Kappe in der Hand, einen Rund-
gang um den Tisch. Die Zimmerherren erhoben sich sämtlich
und murmelten etwas in ihre Bärte. Als sie dann allein waren,
aßen sie fast unter vollkommenem Stillschweigen. Sonderbar
25 schien es Gregor, dass man aus allen mannigfachen Geräuschen
des Essens immer wieder ihre kauenden Zähne heraushörte, als
ob damit Gregor gezeigt werden sollte, dass man Zähne brauche,
um zu essen, und dass man auch mit den schönsten zahnlosen
Kiefern nichts ausrichten könne. „Ich habe ja Appetit", sagte sich
30 Gregor sorgenvoll, „aber nicht auf diese Dinge. Wie sich diese
Zimmerherren nähren und ich komme um!"
Gerade an diesem Abend – Gregor erinnerte sich nicht, während
der ganzen Zeit die Violine gehört zu haben – ertönte sie von der
Küche her. Die Zimmerherren hatten schon ihr Nachtmahl been-
35 det, der mittlere hatte eine Zeitung hervorgezogen, den zwei anderen je ein Blatt gegeben, und nun lasen sie zurückgelehnt und
rauchten. Als die Violine zu spielen begann, wurden sie aufmerk-

sam, erhoben sich und gingen auf den Fußspitzen zur Vorzimmertür, in der sie aneinandergedrängt stehen blieben. Man musste sie von der Küche aus gehört haben, denn der Vater rief: „Ist den Herren das Spiel vielleicht unangenehm? Es kann sofort ein-
5 gestellt werden." „Im Gegenteil", sagte der mittlere der Herren, „möchte das Fräulein nicht zu uns hereinkommen und hier im Zimmer spielen, wo es doch viel bequemer und gemütlicher ist?" „O bitte", rief der Vater, als sei er der Violinspieler. Die Herren traten ins Zimmer zurück und warteten. Bald kam der Vater mit
10 dem Notenpult, die Mutter mit den Noten und die Schwester mit der Violine. Die Schwester bereitete alles ruhig zum Spiele vor; die Eltern, die niemals früher Zimmer vermietet hatten und deshalb die Höflichkeit gegen die Zimmerherren übertrieben, wagten gar nicht, sich auf ihre eigenen Sessel zu setzen; der Vater
15 lehnte an der Tür, die rechte Hand zwischen zwei Knöpfe des geschlossenen Livreerocks gesteckt; die Mutter aber erhielt von einem Herrn einen Sessel angeboten und saß, da sie den Sessel dort ließ, wohin ihn der Herr zufällig gestellt hatte, abseits in einem Winkel.
20 Die Schwester begann zu spielen; Vater und Mutter verfolgten, jeder von seiner Seite, aufmerksam die Bewegungen ihrer Hände. Gregor hatte, von dem Spiele angezogen, sich ein wenig weiter vorgewagt und war schon mit dem Kopf im Wohnzimmer. Er wunderte sich kaum darüber, dass er in letzter Zeit so wenig
25 Rücksicht auf die andern nahm; früher war diese Rücksichtnahme sein Stolz gewesen. Und dabei hätte er gerade jetzt mehr Grund gehabt, sich zu verstecken, denn infolge des Staubes, der in seinem Zimmer überall lag und bei der kleinsten Bewegung umherflog, war auch er ganz staubbedeckt; Fäden, Haare, Speise-
30 überreste schleppte er auf seinem Rücken und an den Seiten mit sich herum; seine Gleichgültigkeit gegen alles war viel zu groß, als dass er sich, wie früher mehrmals während des Tages, auf den Rücken gelegt und am Teppich gescheuert hätte. Und trotz dieses Zustandes hatte er keine Scheu, ein Stück auf dem makellosen
35 Fußboden des Wohnzimmers vorzurücken.
Allerdings achtete auch niemand auf ihn. Die Familie war gänzlich vom Violinspiel in Anspruch genommen; die Zimmerherren

dagegen, die zunächst, die Hände in den Hosentaschen, viel zu
nahe hinter dem Notenpult der Schwester sich aufgestellt hatten,
sodass sie alle in die Noten hätten sehen können, was sicher die
Schwester stören musste, zogen sich bald unter halblauten Ge-
⁵ sprächen mit gesenkten Köpfen zum Fenster zurück, wo sie, vom
Vater besorgt beobachtet, auch blieben. Es hatte nun wirklich den
überdeutlichen Anschein, als wären sie in ihrer Annahme, ein
schönes oder unterhaltendes Violinspiel zu hören, enttäuscht,
hätten die ganze Vorführung satt und ließen sich nur aus Höf-
¹⁰ lichkeit noch in ihrer Ruhe stören. Besonders die Art, wie sie alle
aus Nase und Mund den Rauch ihrer Zigarren in die Höhe blie-
sen, ließ auf große Nervosität schließen. Und doch spielte die
Schwester so schön. Ihr Gesicht war zur Seite geneigt, prüfend
und traurig folgten ihre Blicke den Notenzeilen. Gregor kroch
¹⁵ noch ein Stück vorwärts und hielt den Kopf eng an den Boden,
um möglicherweise ihren Blicken begegnen zu können. War er
ein Tier, da ihn Musik so ergriff? Ihm war, als zeige sich ihm der
Weg zu der ersehnten unbekannten Nahrung. Er war entschlossen, bis zur Schwester vorzudringen, sie am Rock zu zupfen und
²⁰ ihr dadurch anzudeuten, sie möge doch mit ihrer Violine in sein
Zimmer kommen, denn niemand lohnte hier das Spiel so, wie er
es lohnen wollte. Er wollte sie nicht mehr aus seinem Zimmer
lassen, wenigstens nicht, solange er lebte; seine Schreckgestalt
sollte ihm zum ersten Mal nützlich werden; an allen Türen seines
²⁵ Zimmers wollte er gleichzeitig sein und den Angreifern entge-
genfauchen; die Schwester aber sollte nicht gezwungen, sondern
freiwillig bei ihm bleiben; sie sollte neben ihm auf dem Kanapee
sitzen, das Ohr zu ihm herunterneigen, und er wollte ihr dann
anvertrauen, dass er die feste Absicht gehabt habe, sie auf das
³⁰ Konservatorium zu schicken, und dass er dies, wenn nicht das
Unglück dazwischengekommen wäre, vergangene Weihnachten
– Weihnachten war doch wohl schon vorüber? – allen gesagt hätte, ohne sich um irgendwelche Widerreden zu kümmern. Nach
dieser Erklärung würde die Schwester in Tränen der Rührung
³⁵ ausbrechen und Gregor würde sich bis zu ihrer Achsel erheben
und ihren Hals küssen, den sie, seitdem sie ins Geschäft ging, frei
ohne Band oder Kragen trug.

„Herr Samsa!", rief der mittlere Herr dem Vater zu und zeigte, ohne ein weiteres Wort zu verlieren, mit dem Zeigefinger auf den langsam sich vorwärtsbewegenden Gregor. Die Violine verstummte, der mittlere Zimmerherr lächelte erst einmal kopfschüttelnd seinen Freunden zu und sah dann wieder auf Gregor hin. Der Vater schien es für nötiger zu halten, statt Gregor zu vertreiben, vorerst die Zimmerherren zu beruhigen, trotzdem diese gar nicht aufgeregt waren und Gregor sie mehr als das Violinspiel zu unterhalten schien. Er eilte zu ihnen und suchte sie mit ausgebreiteten Armen in ihr Zimmer zu drängen und gleichzeitig mit seinem Körper ihnen den Ausblick auf Gregor zu nehmen. Sie wurden nun tatsächlich ein wenig böse, man wusste nicht mehr, ob über das Benehmen des Vaters oder über die ihnen jetzt aufgehende Erkenntnis, ohne es zu wissen, einen solchen Zimmernachbar wie Gregor besessen zu haben. Sie verlangten vom Vater Erklärungen, hoben ihrerseits die Arme, zupften unruhig an ihren Bärten und wichen nur langsam gegen ihr Zimmer zurück. Inzwischen hatte die Schwester die Verlorenheit, in die sie nach dem plötzlich abgebrochenen Spiel verfallen war, überwunden, hatte sich, nachdem sie eine Zeitlang in den lässig hängenden Händen Violine und Bogen gehalten und weiter, als spiele sie noch, in die Noten gesehen hatte, mit einem Male aufgerafft, hatte das Instrument auf den Schoß der Mutter gelegt, die in Atembeschwerden mit heftig arbeitenden Lungen noch auf ihrem Sessel saß, und war in das Nebenzimmer gelaufen, dem sich die Zimmerherren unter dem Drängen des Vaters schon schneller näherten. Man sah, wie unter den geübten Händen der Schwester die Decken und Polster in den Betten in die Höhe flogen und sich ordneten. Noch ehe die Herren das Zimmer erreicht hatten, war sie mit dem Aufbetten fertig und schlüpfte heraus. Der Vater schien wieder von seinem Eigensinn derartig ergriffen, dass er jeden Respekt vergaß, den er seinen Mietern immerhin schuldete. Er drängte nur und drängte, bis schon in der Tür des Zimmers der mittlere der Herren donnernd mit dem Fuß aufstampfte und dadurch den Vater zum Stehen brachte. „Ich erkläre hiermit", sagte er, hob die Hand und suchte mit den Blicken auch die Mutter und die Schwester, „dass ich mit Rücksicht auf die in dieser Wohnung und Familie herrschenden widerlichen Verhältnisse" – hiebei spie er kurz entschlossen auf den Boden – „mein Zimmer augenblicklich kündige. Ich werde natürlich auch für die Tage, die ich hier gewohnt habe, nicht das Geringste bezahlen, dagegen werde ich es mir noch überlegen, ob ich nicht mit irgendwelchen – glauben Sie mir – sehr leicht zu begründenden Forderungen gegen Sie auftreten werde." Er schwieg und sah gerade vor sich hin, als erwarte er etwas. Tatsächlich fielen sofort seine zwei Freunde mit den Worten ein: „Auch wir kündigen augenblicklich." Darauf fasste er die Türklinke und schloss mit einem Krach die Tür.

Der Vater wankte mit tastenden Händen zu seinem Sessel und ließ sich in ihn fallen; es sah aus, als strecke er sich zu seinem gewöhnlichen Abendschläfchen, aber das starke Nicken seines wie haltlosen Kopfes zeigte, dass er ganz und gar nicht schlief. Gregor war die ganze Zeit still auf dem Platz gelegen, auf dem ihn die Zimmerherren ertappt hatten. Die Enttäuschung über das Misslingen seines Planes, vielleicht aber auch die durch das viele Hungern verursachte Schwäche machten es ihm unmöglich, sich zu bewegen. Er fürchtete mit einer gewissen Bestimmtheit schon für den nächsten Augenblick einen allgemeinen über ihn sich entladenden Zusammensturz und wartete. Nicht einmal die Violine schreckte ihn auf, die, unter den zitternden Fingern der Mutter hervor, ihr vom Schoße fiel und einen hallenden Ton von sich gab.

„Liebe Eltern", sagte die Schwester und schlug zur Einleitung mit der Hand auf den Tisch, „so geht es nicht weiter. Wenn ihr das vielleicht nicht einseht, ich sehe es ein. Ich will vor diesem Untier nicht den Namen meines Bruders aussprechen und sage daher bloß: Wir müssen versuchen, es loszuwerden. Wir haben das Menschenmögliche versucht, es zu pflegen und zu dulden, ich glaube, es kann uns niemand den geringsten Vorwurf machen."

„Sie hat tausendmal Recht", sagte der Vater für sich. Die Mutter, die noch immer nicht genug Atem finden konnte, fing in die vorgehaltene Hand mit einem irrsinnigen Ausdruck der Augen dumpf zu husten an.

Die Schwester eilte zur Mutter und hielt ihr die Stirn. Der Vater schien durch die Worte der Schwester auf bestimmtere Gedanken gebracht zu sein, hatte sich aufrecht gesetzt, spielte mit seiner Dienermütze zwischen den Tellern, die noch vom Nachtmahl der Zimmerherren her auf dem Tische lagen, und sah bisweilen auf den stillen Gregor hin.

5 „Wir müssen es loszuwerden versuchen", sagte die Schwester nun ausschließlich zum Vater, denn die Mutter hörte in ihrem Husten nichts, „es bringt euch noch beide um, ich sehe es kommen. Wenn man schon so schwer arbeiten muss, wie wir alle, kann man nicht noch zu Hause diese ewige Quälerei ertragen.

10 Ich kann es auch nicht mehr." Und sie brach so heftig in Weinen aus, dass ihre Tränen auf das Gesicht der Mutter niederflossen, von dem sie sie mit mechanischen Handbewegungen wischte.

„Kind", sagte der Vater mitleidig und mit auffallendem Verständnis, „was sollen wir aber tun?"

15 Die Schwester zuckte nur die Achseln zum Zeichen der Ratlosigkeit, die sie nun während des Weinens im Gegensatz zu ihrer früheren Sicherheit ergriffen hatte.

„Wenn er uns verstünde", sagte der Vater halb fragend; die Schwester schüttelte aus dem Weinen heraus heftig die Hand zum Zei-

20 chen, dass daran nicht zu denken sei.

„Wenn er uns verstünde", wiederholte der Vater und nahm durch Schließen der Augen die Überzeugung der Schwester von der Unmöglichkeit dessen in sich auf, „dann wäre vielleicht ein Übereinkommen mit ihm möglich. Aber so –"

25 „Weg muss es", rief die Schwester, „das ist das einzige Mittel, Vater. Du musst bloß den Gedanken loszuwerden suchen, dass es Gregor ist. Dass wir es solange geglaubt haben, das ist ja unser eigentliches Unglück. Aber wie kann es denn Gregor sein? Wenn es Gregor wäre, er hätte längst eingesehen, dass ein Zusammen-

30 leben von Menschen mit einem solchen Tier nicht möglich ist, und wäre freiwillig fortgegangen. Wir hätten dann keinen Bruder, aber könnten weiterleben und sein Andenken in Ehren halten. So aber verfolgt uns dieses Tier, vertreibt die Zimmerherren, will offenbar die ganze Wohnung einnehmen und uns auf der Gasse

35 übernachten lassen. Sieh nur, Vater", schrie sie plötzlich auf, „er fängt schon wieder an!" Und in einem für Gregor gänzlich unverständlichen Schrecken verließ die Schwester sogar die Mutter,

stieß sich förmlich von ihrem Sessel ab, als wollte sie lieber die
Mutter opfern, als in Gregors Nähe bleiben, und eilte hinter den
Vater, der, lediglich durch ihr Benehmen erregt, auch aufstand
und die Arme wie zum Schutze der Schwester vor ihr halb erhob.
5 Aber Gregor fiel es doch gar nicht ein, irgendjemandem und gar
seiner Schwester Angst machen zu wollen. Er hatte bloß angefangen, sich umzudrehen, um in sein Zimmer zurückzuwandern,
und das nahm sich allerdings auffallend aus, da er infolge seines
leidenden Zustandes bei den schwierigen Umdrehungen mit sei-
10 nem Kopfe nachhelfen musste, den er hierbei viele Male hob und
gegen den Boden schlug. Er hielt inne und sah sich um. Seine
gute Absicht schien erkannt worden zu sein; es war nur ein au-
genblicklicher Schrecken gewesen. Nun sahen ihn alle schweigend und traurig an. Die Mutter lag, die Beine ausgestreckt und
15 aneinandergedrückt, in ihrem Sessel, die Augen fielen ihr vor
Ermattung fast zu; der Vater und die Schwester saßen nebenein-
ander, die Schwester hatte ihre Hand um den Hals des Vaters gelegt.

„Nun darf ich mich schon vielleicht umdrehen", dachte Gregor
20 und begann seine Arbeit wieder. Er konnte das Schnaufen der
Anstrengung nicht unterdrücken und musste auch hie und da
ausruhen. Im Übrigen drängte ihn auch niemand, es war alles
ihm selbst überlassen. Als er die Umdrehung vollendet hatte, fing
er sofort an geradeaus zurückzuwandern. Er staunte über die
25 große Entfernung, die ihn von seinem Zimmer trennte, und begriff gar nicht, wie er bei seiner Schwäche vor kurzer Zeit den
gleichen Weg, fast ohne es zu merken, zurückgelegt hatte. Immerfort nur auf rasches Kriechen bedacht, achtete er kaum darauf, dass kein Wort, kein Ausruf seiner Familie ihn störte. Erst
30 als er schon in der Tür war, wendete er den Kopf, nicht vollständig, denn er fühlte den Hals steif werden, immerhin sah er noch,
dass sich hinter ihm nichts verändert hatte, nur die Schwester
war aufgestanden. Sein letzter Blick streifte die Mutter, die nun
völlig eingeschlafen war.

35 Kaum war er innerhalb seines Zimmers, wurde die Tür eiligst
zugedrückt, festgeriegelt und versperrt. Über den plötzlichen
Lärm hinter sich erschrak Gregor so, dass ihm die Beinchen ein-

knickten. Es war die Schwester, die sich so beeilt hatte. Aufrecht
war sie schon da gestanden und hatte gewartet, leichtfüßig war
sie dann vorwärtsgesprungen, Gregor hatte sie gar nicht kommen
hören, und ein „Endlich!" rief sie den Eltern zu, während sie den
5 Schlüssel im Schloss umdrehte.

„Und jetzt?", fragte sich Gregor und sah sich im Dunkeln um. Er
machte bald die Entdeckung, dass er sich nun überhaupt nicht
mehr rühren konnte. Er wunderte sich darüber nicht, eher kam
es ihm unnatürlich vor, dass er sich bis jetzt tatsächlich mit die-
10 sen dünnen Beinchen hatte fortbewegen können. Im Übrigen
fühlte er sich verhältnismäßig behaglich. Er hatte zwar Schmerzen im ganzen Leib, aber ihm war, als würden sie allmählich
schwächer und schwächer und würden schließlich ganz vergehen. Den verfaulten Apfel in seinem Rücken und die entzündete
15 Umgebung, die ganz von weichem Staub bedeckt waren, spürte
er schon kaum. An seine Familie dachte er mit Rührung und Liebe zurück. Seine Meinung darüber, dass er verschwinden müsse,
war womöglich noch entschiedener als die seiner Schwester. In
diesem Zustand leeren und friedlichen Nachdenkens blieb er, bis
20 die Turmuhr die dritte Morgenstunde schlug. Den Anfang des
allgemeinen Hellerwerdens draußen vor dem Fenster erlebte er
noch. Dann sank sein Kopf ohne seinen Willen gänzlich nieder
und aus seinen Nüstern strömte sein letzter Atem schwach hervor.

25 Als am frühen Morgen die Bedienerin kam – vor lauter Kraft und
Eile schlug sie, wie oft man sie auch schon gebeten hatte, das zu
vermeiden, alle Türen derartig zu, dass in der ganzen Wohnung
von ihrem Kommen an kein ruhiger Schlaf mehr möglich war –,
fand sie bei ihrem gewöhnlichen kurzen Besuch an Gregor zuerst
30 nichts Besonderes. Sie dachte, er liege absichtlich so unbeweglich
da und spiele den Beleidigten; sie traute ihm allen möglichen Verstand zu. Weil sie zufällig den langen Besen in der Hand hielt,
suchte sie mit ihm Gregor von der Türe aus zu kitzeln. Als sich
auch da kein Erfolg zeigte, wurde sie ärgerlich und stieß ein we-
35 nig in Gregor hinein, und erst als sie ihn ohne jeden Widerstand
von seinem Platze geschoben hatte, wurde sie aufmerksam. Als
sie bald den wahren Sachverhalt erkannte, machte sie große Au-

gen, pfiff vor sich hin, hielt sich aber nicht lange auf, sondern riss
die Tür des Schlafzimmers auf und rief mit lauter Stimme in das
Dunkel hinein: „Sehen Sie nur mal an, es ist krepiert; da liegt es,
ganz und gar krepiert!"

5 Das Ehepaar Samsa saß im Ehebett aufrecht da und hatte zu tun,
den Schrecken über die Bedienerin zu verwinden, ehe es dazu
kam, ihre Meldung aufzufassen. Dann aber stiegen Herr und
Frau Samsa, jeder auf seiner Seite, eiligst aus dem Bett, Herr
Samsa warf die Decke über seine Schultern, Frau Samsa kam nur
10 im Nachthemd hervor; so traten sie in Gregors Zimmer. Inzwischen hatte sich auch die Tür des Wohnzimmers geöffnet, in dem
Grete seit dem Einzug der Zimmerherren schlief; sie war völlig
angezogen, als hätte sie gar nicht geschlafen, auch ihr bleiches
Gesicht schien das zu beweisen. „Tot?", sagte Frau Samsa und sah
15 fragend zur Bedienerin auf, trotzdem sie doch alles selbst prüfen
und sogar ohne Prüfung erkennen konnte. „Das will ich meinen",
sagte die Bedienerin und stieß zum Beweis Gregors Leiche mit
dem Besen noch ein großes Stück seitwärts. Frau Samsa machte
eine Bewegung, als wolle sie den Besen zurückhalten, tat es aber
20 nicht. „Nun", sagte Herr Samsa, „jetzt können wir Gott danken."
Er bekreuzte sich und die drei Frauen folgten seinem Beispiel.
Grete, die kein Auge von der Leiche wendete, sagte: „Seht nur, wie
mager er war. Er hat ja auch schon so lange Zeit nichts gegessen.
So wie die Speisen hereinkamen, sind sie wieder hinausgekom-
25 men." Tatsächlich war Gregors Körper vollständig flach und tro-
cken, man erkannte das eigentlich erst jetzt, da er nicht mehr von
den Beinchen gehoben war und auch sonst nichts den Blick ab-
lenkte.

„Komm, Grete, auf ein Weilchen zu uns herein", sagte Frau Sam-
30 sa mit einem wehmütigen Lächeln, und Grete ging, nicht ohne
nach der Leiche zurückzusehen, hinter den Eltern in das Schlafzimmer. Die Bedienerin schloss die Tür und öffnete gänzlich das
Fenster. Trotz des frühen Morgens war der frischen Luft schon
etwas Lauigkeit beigemischt. Es war eben schon Ende März.

35 Aus ihrem Zimmer traten die drei Zimmerherren und sahen sich
erstaunt nach ihrem Frühstück um; man hatte sie vergessen. „Wo
ist das Frühstück?", fragte der mittlere der Herren mürrisch die

Bedienerin. Diese aber legte den Finger an den Mund und winkte dann hastig und schweigend den Herren zu, sie möchten in Gregors Zimmer kommen. Sie kamen auch und standen dann, die Hände in den Taschen ihrer etwas abgenützten Röckchen, in dem
5 nun schon ganz hellen Zimmer um Gregors Leiche herum.

Da öffnete sich die Tür des Schlafzimmers und Herr Samsa erschien in seiner Livree[1], an einem Arm seine Frau, am anderen seine Tochter. Alle waren ein wenig verweint; Grete drückte bisweilen ihr Gesicht an den Arm des Vaters.

10 „Verlassen Sie sofort meine Wohnung!", sagte Herr Samsa und zeigte auf die Tür, ohne die Frauen von sich zu lassen. „Wie meinen Sie das?", sagte der mittlere der Herren etwas bestürzt und lächelte süßlich. Die zwei anderen hielten die Hände auf dem Rücken und rieben sie ununterbrochen aneinander, wie in freu-
15 diger Erwartung eines großen Streites, der aber für sie günstig ausfallen musste. „Ich meine es genauso, wie ich es sage", antwortete Herr Samsa und ging in einer Linie mit seinen zwei Begleiterinnen auf den Zimmerherrn zu. Dieser stand zuerst still da und sah zu Boden, als ob sich die Dinge in seinem Kopf zu einer
20 neuen Ordnung zusammenstellten. „Dann gehen wir also", sagte er dann und sah zu Herrn Samsa auf, als verlange er in einer plötzlich ihn überkommenden Demut sogar für diesen Entschluss eine neue Genehmigung. Herr Samsa nickte ihm bloß mehrmals kurz mit großen Augen zu. Daraufhin ging der Herr
25 tatsächlich sofort mit langen Schritten ins Vorzimmer; seine beiden Freunde hatten schon ein Weilchen lang mit ganz ruhigen Händen aufgehorcht und hüpften ihm jetzt geradezu nach, wie in Angst, Herr Samsa könnte vor ihnen ins Vorzimmer eintreten und die Verbindung mit ihrem Führer stören. Im Vorzimmer
30 nahmen alle drei die Hüte vom Kleiderrechen[2], zogen ihre Stöcke aus dem Stockbehälter, verbeugten sich stumm und verließen die Wohnung. In einem, wie sich zeigte, gänzlich unbegründeten Misstrauen trat Herr Samsa mit den zwei Frauen auf den Vorplatz hinaus; an das Geländer gelehnt, sahen sie zu, wie die drei Herren

---

[1] uniformähnliches Bekleidungsstück für Bedienstete
[2] Garderobe

zwar langsam, aber ständig die lange Treppe hinunterstiegen, in jedem Stockwerk in einer bestimmten Biegung des Treppenhauses verschwanden und nach ein paar Augenblicken wieder hervorkamen; je tiefer sie gelangten, desto mehr verlor sich das
5 Interesse der Familie Samsa für sie, und als ihnen entgegen und dann hoch über sie hinweg ein Fleischergeselle mit der Trage auf dem Kopf in stolzer Haltung heraufstieg, verließ bald Herr Samsa mit den Frauen das Geländer und alle kehrten, wie erleichtert, in ihre Wohnung zurück.

10 Sie beschlossen, den heutigen Tag zum Ausruhen und Spazierengehen zu verwenden; sie hatten diese Arbeitsunterbrechung nicht nur verdient, sie brauchten sie sogar unbedingt. Und so setzten sie sich zum Tisch und schrieben drei Entschuldigungsbriefe, Herr Samsa an seine Direktion, Frau Samsa an ihren Auftragge-
15 ber, und Grete an ihren Prinzipal[1]. Während des Schreibens kam die Bedienerin herein, um zu sagen, dass sie fortgehe, denn ihre Morgenarbeit war beendet. Die drei Schreibenden nickten zuerst bloß, ohne aufzuschauen, erst als die Bedienerin sich immer noch nicht entfernen wollte, sah man ärgerlich auf. „Nun?", fragte Herr
20 Samsa. Die Bedienerin stand lächelnd in der Tür, als habe sie der Familie ein großes Glück zu melden, werde es aber nur dann tun, wenn sie gründlich ausgefragt werde. Die fast aufrechte kleine Straußfeder auf ihrem Hut, über die sich Herr Samsa schon während ihrer ganzen Dienstzeit ärgerte, schwankte leicht nach allen
25 Richtungen. „Also was wollen Sie eigentlich?", fragte Frau Samsa, vor welcher die Bedienerin noch am meisten Respekt hatte. „Ja", antwortete die Bedienerin und konnte vor freundlichem Lachen nicht gleich weiterreden, „also darüber, wie das Zeug von nebenan weggeschafft werden soll, müssen Sie sich keine Sorge machen.
30 Es ist schon in Ordnung." Frau Samsa und Grete beugten sich zu ihren Briefen nieder, als wollten sie weiterschreiben; Herr Samsa, welcher merkte, dass die Bedienerin nun alles ausführlich zu beschreiben anfangen wollte, wehrte dies mit ausgestreckter Hand entschieden ab. Da sie aber nicht erzählen durfte, erinnerte sie
35 sich an die große Eile, die sie hatte, rief offenbar beleidigt: „Adjes

---

[1] Vorgesetzter, Geschäftsinhaber

allseits", drehte sich wild um und verließ unter fürchterlichem Türezuschlagen die Wohnung.

„Abends wird sie entlassen", sagte Herr Samsa, bekam aber weder von seiner Frau, noch von seiner Tochter eine Antwort, denn
5 die Bedienerin schien ihre kaum gewonnene Ruhe wieder gestört
zu haben. Sie erhoben sich, gingen zum Fenster und blieben dort,
sich umschlungen haltend. Herr Samsa drehte sich in seinem
Sessel nach ihnen um und beobachtete sie still ein Weilchen.
Dann rief er: „Also kommt doch her. Lasst schon endlich die alten
10 Sachen. Und nehmt auch ein wenig Rücksicht auf mich." Gleich
folgten ihm die Frauen, eilten zu ihm, liebkosten ihn und beende-
ten rasch ihre Briefe.

Dann verließen alle drei gemeinschaftlich die Wohnung, was sie
schon seit Monaten nicht getan hatten, und fuhren mit der Elek-
15 trischen[1] ins Freie vor die Stadt. Der Wagen, in dem sie allein saßen, war ganz von warmer Sonne durchschienen. Sie besprachen,
bequem auf ihren Sitzen zurückgelehnt, die Aussichten für die
Zukunft, und es fand sich, dass diese bei näherer Betrachtung
durchaus nicht schlecht waren, denn aller drei Anstellungen wa-
20 ren, worüber sie einander eigentlich noch gar nicht ausgefragt
hatten, überaus günstig und besonders für später vielverspre-
chend. Die größte augenblickliche Besserung der Lage musste
sich natürlich leicht durch einen Wohnungswechsel ergeben; sie
wollten nun eine kleinere und billigere, aber besser gelegene und
25 überhaupt praktischere Wohnung nehmen, als es die jetzige, noch
von Gregor ausgesuchte war. Während sie sich so unterhielten, fiel
es Herrn und Frau Samsa im Anblick ihrer immer lebhafter werdenden Tochter fast gleichzeitig ein, wie sie in der letzten Zeit
trotz aller Plage, die ihre Wangen bleich gemacht hatte, zu einem
30 schönen und üppigen Mädchen aufgeblüht war. Stiller werdend
und fast unbewusst durch Blicke sich verständigend, dachten sie
daran, dass es nun Zeit sein werde, auch einen braven Mann für
sie zu suchen. Und es war ihnen wie eine Bestätigung ihrer neuen
Träume und guten Absichten, als am Ziele ihrer Fahrt die Tochter
35 als Erste sich erhob und ihren jungen Körper dehnte.

---

[1] elektrisch angetriebene Straßenbahn

Brief an den Vater[1]

Liebster Vater,

du hast mich letzthin einmal gefragt, warum ich behaupte, ich
hätte Furcht vor dir. Ich wusste dir, wie gewöhnlich, nichts zu
antworten, zum Teil eben aus der Furcht, die ich vor dir habe,
zum Teil deshalb, weil zur Begründung dieser Furcht zu viele Ein-
5 zelheiten gehören, als dass ich sie im Reden halbwegs zusam-
menhalten könnte. Und wenn ich hier versuche, dir schriftlich zu
antworten, so wird es doch nur sehr unvollständig sein, weil auch
im Schreiben die Furcht und ihre Folgen mich dir gegenüber be-
hindern und weil die Größe des Stoffs über mein Gedächtnis und
10 meinen Verstand weit hinausgeht.
Dir hat sich die Sache immer sehr einfach dargestellt, wenigstens
soweit du vor mir und, ohne Auswahl, vor vielen andern davon
gesprochen hast. Es schien dir etwa so zu sein: Du hast dein gan-
zes Leben lang schwer gearbeitet, alles für deine Kinder, vor allem
15 für mich geopfert, ich habe infolgedessen „in Saus und Braus"
gelebt, habe vollständige Freiheit gehabt zu lernen, was ich wollte,
habe keinen Anlass zu Nahrungssorgen, also zu Sorgen überhaupt gehabt; du hast dafür keine Dankbarkeit verlangt, du
kennst „die Dankbarkeit der Kinder", aber doch wenigstens ir-
20 gendein Entgegenkommen, Zeichen eines Mitgefühls; stattdessen habe ich mich seit jeher vor dir verkrochen, in mein Zimmer,
zu Büchern, zu verrückten Freunden, zu überspannten Ideen;
offen gesprochen habe ich mit dir niemals, in den Tempel[2] bin ich

---

[1] Kafka verfasste seinen „Brief an den Vater" im Jahre 1919, als er sich wegen seiner Lungentuberkulose in einem Sanatorium in Schelesen (Tschechien) aufhielt. Ausgangspunkt für das Abfassen des mehr als hundert
handschriftlich geschriebene Seiten umfassenden Briefes war eine Frage
des Vaters, warum der Sohn Angst vor ihm habe. Als weitere Schreibmo-
tivation darf auch die ablehnende Reaktion Hermann Kafkas auf den Versuch seines Sohnes, eine junge Frau namens Julie Wohryzeck zu heiraten, gelten. Obwohl es sich also um eine konkrete Kommunikationssituation
und einen realen Brief handelt, erhielt und las der Vater diesen nie.
[2] hier: Synagoge

nicht zu dir gekommen, in Franzensbad[1] habe ich dich nie be-
sucht, auch sonst nie Familiensinn gehabt, um das Geschäft[2] und
deine sonstigen Angelegenheiten habe ich mich nicht gekümmert, die Fabrik[3] habe ich dir aufgehalst und dich dann verlassen,
5 Ottla habe ich in ihrem Eigensinn[4] unterstützt, und während ich
für dich keinen Finger rühre (nicht einmal eine Theaterkarte
bringe ich dir), tue ich für Freunde alles. Fasst du dein Urteil über
mich zusammen, so ergibt sich, dass du mir zwar etwas geradezu
Unanständiges oder Böses nicht vorwirfst (mit Ausnahme viel-
10 leicht meiner letzten Heiratsabsicht[5]), aber Kälte, Fremdheit, Undankbarkeit. Und zwar wirfst du es mir so vor, als wäre es meine
Schuld, als hätte ich etwa mit einer Steuerdrehung das Ganze
anders einrichten können, während du nicht die geringste Schuld
daran hast, es wäre denn die, dass du zu gut zu mir gewesen bist.
15 Diese deine übliche Darstellung halte ich nur so weit für richtig,
dass auch ich glaube, du seist gänzlich schuldlos an unserer Entfremdung. Aber ebenso gänzlich schuldlos bin auch ich. Könnte
ich dich dazu bringen, dass du das anerkennst, dann wäre – nicht
etwa ein neues Leben möglich, dazu sind wir beide viel zu alt,
20 aber doch eine Art Friede, kein Aufhören, aber doch ein Mildern
deiner unaufhörlichen Vorwürfe.

Irgendeine Ahnung dessen, was ich sagen will, hast du merkwürdigerweise. So hast du mir zum Beispiel vor kurzem gesagt: „Ich habe
dich immer gern gehabt, wenn ich auch äußerlich nicht so zu dir
25 war wie andere Väter zu sein pflegen, eben deshalb, weil ich mich
nicht verstellen kann wie andere". Nun habe ich, Vater, im Ganzen

---

[1] bevorzugter Urlaubsort der Eltern Kafkas
[2] Hermann Kafka führte ein Galanteriewarengeschäft (modische Acces-
soires, feine Wäsche ...) in Prag.
[3] Gemeint ist die 1911 gegründete Asbestfabrik seines Schwagers Karl Hermann, an welcher sich Kafka auf Drängen seiner Eltern hin als Gesellschafter finanziell beteiligte. Anschließend aber zeigte er wenig Interesse, was zu erheblichen innerfamiliären Konflikten führte.
[4] Die zu dieser Zeit noch unverheiratete „Lieblingsschwester" Kafkas plante, das Elternhaus zu verlassen, um einen verwaisten Hof im westböhmi-
schen Zürau zu bewirtschaften.
[5] Gemeint ist die Verlobung mit Julie Wohryzeck, die Kafkas Eltern radikal
ablehnten.

niemals an deiner Güte mir gegenüber gezweifelt, aber diese Bemerkung halte ich für unrichtig. Du kannst dich nicht verstellen, das ist richtig, aber nur aus diesem Grunde behaupten wollen, dass die anderen Väter sich verstellen, ist entweder bloße, nicht weiter
5 diskutierbare Rechthaberei oder aber – und das ist es meiner Meinung nach wirklich – der verhüllte Ausdruck dafür, dass zwischen uns etwas nicht in Ordnung ist und dass du es mitverursacht hast, aber ohne Schuld. Meinst du das wirklich, dann sind wir einig.

Ich sage ja natürlich nicht, dass ich das, was ich bin, nur durch
10 deine Einwirkung geworden bin. Das wäre sehr übertrieben (und ich neige sogar zu dieser Übertreibung). Es ist sehr leicht möglich, dass ich, selbst wenn ich ganz frei von deinem Einfluss aufgewachsen wäre, doch kein Mensch nach deinem Herzen hätte werden können. Ich wäre wahrscheinlich doch ein schwächlicher,
15 ängstlicher, zögernder, unruhiger Mensch geworden, weder Robert Kafka[1] noch Karl Hermann[2], aber doch ganz anders, als ich wirklich bin, und wir hätten uns ausgezeichnet miteinander vertragen können. Ich wäre glücklich gewesen, dich als Freund, als Chef, als Onkel, als Großvater, ja selbst (wenn auch schon zö-
20 gernder) als Schwiegervater zu haben. Nur eben als Vater warst du zu stark für mich, besonders da meine Brüder klein starben, die Schwestern erst lange nachher kamen, ich also den ersten Stoß ganz allein aushalten musste, dazu war ich viel zu schwach. Vergleich uns beide: Ich, um es sehr abgekürzt auszudrücken, ein
25 Löwy[3] mit einem gewissen Kafka'schen Fond[4], der aber eben nicht durch den Kafka'schen Lebens-, Geschäfts-, Eroberungswillen in Bewegung gesetzt wird, sondern durch einen Löwy'schen Stachel, der geheimer, scheuer, in anderer Richtung wirkt und oft überhaupt aussetzt. Du dagegen ein wirklicher Kafka an Stärke,
30 Gesundheit, Appetit, Stimmkraft, Redebegabung, Selbstzufriedenheit, Weltüberlegenheit, Ausdauer, Geistesgegenwart, Men-

---

[1] Kafkas Cousin, ein verheirateter Advokat
[2] Kafkas Schwager, dessen Geschäftstüchtigkeit seinen Vater besonders imponierte
[3] Mädchenname der Mutter Kafkas; gemeint sind also die Charaktereigenschaften der Familienmitglieder mütterlicherseits.
[4] Grund

schenkenntnis, einer gewissen Großzügigkeit, natürlich auch mit allen zu diesen Vorzügen gehörigen Fehlern und Schwächen, in welche dich dein Temperament und manchmal dein Jähzorn hineinhetzen. Nicht ganzer Kafka bist du vielleicht in deiner allge-
5 meinen Weltansicht, soweit ich dich mit Onkel Philipp, Ludwig, Heinrich[1] vergleichen kann. Das ist merkwürdig, ich sehe hier auch nicht ganz klar. Sie waren doch alle fröhlicher, frischer, ungezwungener, leichtlebiger, weniger streng als du. (Darin habe ich übrigens viel von dir geerbt und das Erbe viel zu gut verwaltet,
10 ohne allerdings die nötigen Gegengewichte in meinem Wesen zu haben, wie du sie hast.) Doch hast auch anderseits du in dieser Hinsicht verschiedene Zeiten durchgemacht, warst vielleicht fröhlicher, ehe dich deine Kinder, besonders ich, enttäuschten und zu Hause bedrückten (kamen Fremde, warst du ja anders)
15 und bist auch jetzt vielleicht wieder fröhlicher geworden, da dir die Enkel und der Schwiegersohn wieder etwas von jener Wärme geben, die dir die Kinder, bis auf Valli[2] vielleicht, nicht geben konnten. Jedenfalls waren wir so verschieden und in dieser Verschiedenheit einander so gefährlich, dass, wenn man es hätte et-
20 wa im Voraus ausrechnen wollen, wie ich, das langsam sich entwickelnde Kind, und du, der fertige Mann, sich zueinander verhalten werden, man hätte annehmen können, dass du mich einfach niederstampfen wirst, dass nichts von mir übrig bleibt. Das ist nun nicht geschehen, das Lebendige lässt sich nicht aus-
25 rechnen, aber vielleicht ist Ärgeres geschehen. Wobei ich dich aber immerfort bitte, nicht zu vergessen, dass ich niemals im Entferntesten an eine Schuld deinerseits glaube. Du wirktest so auf mich, wie du wirken musstest, nur sollst du aufhören, es für eine besondere Bosheit meinerseits zu halten, dass ich dieser Wirkung
30 erlegen bin.

Ich war ein ängstliches Kind; trotzdem war ich gewiss auch störrisch, wie Kinder sind; gewiss verwöhnte mich die Mutter auch, aber ich kann nicht glauben, dass ich besonders schwer lenkbar war, ich kann nicht glauben, dass ein freundliches Wort, ein stilles

---

[1] Brüder des Vaters
[2] Kafkas Schwester

Bei-der-Hand-Nehmen, ein guter Blick mir nicht alles hätten ab-
fordern können, was man wollte. Nun bist du ja im Grunde ein
gütiger und weicher Mensch (das Folgende wird dem nicht wider-
sprechen, ich rede ja nur von der Erscheinung, in der du auf das
5 Kind wirktest), aber nicht jedes Kind hat die Ausdauer und Unerschrockenheit, so lange zu suchen, bis es zu der Güte kommt. Du
kannst ein Kind nur so behandeln, wie du eben selbst geschaffen
bist, mit Kraft, Lärm und Jähzorn, und in diesem Falle schien dir
das auch noch überdies deshalb sehr gut geeignet, weil du einen
10 kräftigen, mutigen Jungen in mir aufziehen wolltest.

Deine Erziehungsmittel in den allerersten Jahren kann ich heute
natürlich nicht unmittelbar beschreiben, aber ich kann sie mir
etwa vorstellen durch Rückschluss aus den späteren Jahren und
aus deiner Behandlung des Felix[1]. Hierbei kommt verschärfend
15 in Betracht, dass du damals jünger, daher frischer, wilder, ur-
sprünglicher, noch unbekümmerter warst als heute und dass du
außerdem ganz an das Geschäft gebunden warst, kaum einmal
des Tages dich mir zeigen konntest und deshalb einen umso tieferen Eindruck auf mich machtest, der sich kaum je zur Gewöh-
20 nung verflachte.

Direkt erinnere ich mich nur an einen Vorfall aus den ersten Jahren. Du erinnerst dich vielleicht auch daran. Ich winselte einmal
in der Nacht immerfort um Wasser, gewiss nicht aus Durst, sondern wahrscheinlich, teils um zu ärgern, teils um mich zu unter-
25 halten. Nachdem einige starke Drohungen nicht geholfen hatten,
nahmst du mich aus dem Bett, trugst mich auf die Pawlatsche[2]
und ließest mich dort allein vor der geschlossenen Tür ein Weilchen im Hemd stehn. Ich will nicht sagen, dass das unrichtig war,
vielleicht war damals die Nachtruhe auf andere Weise wirklich
30 nicht zu verschaffen, ich will aber damit deine Erziehungsmittel
und ihre Wirkung auf mich charakterisieren. Ich war damals
nachher wohl schon folgsam, aber ich hatte einen inneren Schaden davon. Das für mich Selbstverständliche des sinnlosen Um-

---

[1] siebenjähriger Enkel Hermann Kafkas
[2] langer Balkon, der in vielen alten Prager Häusern an der Hof-Innenseite
verlief und die Wohnungen miteinander verband

Wasser-Bittens und das außerordentlich Schreckliche des Hinausgetragenwerdens konnte ich meiner Natur nach niemals in die richtige Verbindung bringen. Noch nach Jahren litt ich unter der quälenden Vorstellung, dass der riesige Mann, mein Vater, die
5 letzte Instanz, fast ohne Grund kommen und mich in der Nacht aus dem Bett auf die Pawlatsche tragen konnte und dass ich also ein solches Nichts für ihn war.

Das war damals ein kleiner Anfang nur, aber dieses mich oft beherrschende Gefühl der Nichtigkeit (ein in anderer Hinsicht aller-
10 dings auch edles und fruchtbares Gefühl) stammt vielfach von deinem Einfluss. Ich hätte ein wenig Aufmunterung, ein wenig Freundlichkeit, ein wenig Offenhalten meines Wegs gebraucht, statt dessen verstelltest du mir ihn, in der guten Absicht freilich, dass ich einen anderen Weg gehen sollte. Aber dazu taugte ich
15 nicht. Du muntertest mich zum Beispiel auf, wenn ich gut salutierte[1] und marschierte, aber ich war kein künftiger Soldat, oder du muntertest mich auf, wenn ich kräftig essen oder sogar Bier dazu trinken konnte, oder wenn ich unverstandene Lieder nachsingen oder deine Lieblingsredensarten dir nachplappern konnte,
20 aber nichts davon gehörte zu meiner Zukunft. Und es ist bezeichnend, dass du selbst heute mich nur dann eigentlich in etwas aufmunterst, wenn du selbst in Mitleidenschaft gezogen bist, wenn es sich um dein Selbstgefühl handelt, das ich verletze[2] (zum Beispiel durch meine Heiratsabsicht) oder das in mir verletzt
25 wird (wenn zum Beispiel Pepa[3] mich beschimpft). Dann werde ich aufgemuntert, an meinen Wert erinnert, auf die Partien hingewiesen, die ich zu machen berechtigt wäre, und Pepa wird vollständig verurteilt. Aber abgesehen davon, dass ich für Aufmunterung in meinem jetzigen Alter schon fast unzugänglich bin, was
30 würde sie mir auch helfen, wenn sie nur dann eintritt, wo es nicht in erster Reihe um mich geht.

---

[1] militärisch grüßen
[2] Hier spielt Kafka auf das Ansehen der Familie an, denn er ist zu dieser Zeit promovierter Jurist und Sohn eines angesehenen Geschäftsmannes, während seine Verlobte, Julie Wohryzeck, die Tochter eines Schusters und Gemeindedieners von zweifelhaftem Ruf ist.
[3] Kosename für Josef Pollak, der ein Schwager Kafkas war

Damals und damals überall hätte ich die Aufmunterung gebraucht. Ich war ja schon niedergedrückt durch deine bloße Kör-
perlichkeit. Ich erinnere mich zum Beispiel daran, wie wir uns
öfters zusammen in einer Kabine auszogen. Ich mager, schwach,
5 schmal, du stark, groß, breit. Schon in der Kabine kam ich mir
jämmerlich vor, und zwar nicht nur vor dir, sondern vor der
ganzen Welt, denn du warst für mich das Maß aller Dinge. Traten
wir dann aber aus der Kabine vor die Leute hinaus, ich an deiner
Hand, ein kleines Gerippe, unsicher, bloßfüßig auf den Planken,
10 in Angst vor dem Wasser, unfähig, deine Schwimmbewegungen
nachzumachen, die du mir in guter Absicht, aber tatsächlich zu
meiner tiefen Beschämung immerfort vormachtest, dann war ich
sehr verzweifelt, und alle meine schlimmen Erfahrungen auf allen Gebieten stimmten in solchen Augenblicken großartig zu-
15 sammen. Am wohlsten war mir noch, wenn du dich manchmal
zuerst auszogst und ich allein in der Kabine bleiben und die
Schande des öffentlichen Auftretens so lange hinauszögern konnte, bis du endlich nachschauen kamst und mich aus der Kabine
triebst. Dankbar war ich dir dafür, dass du meine Not nicht zu
20 bemerken schienest, auch war ich stolz auf den Körper meines
Vaters. Übrigens besteht zwischen uns dieser Unterschied heute
noch ähnlich.

Dem entsprach weiter deine geistige Oberherrschaft. Du hattest
dich allein durch eigene Kraft so hoch hinaufgearbeitet, infolge-
25 dessen hattest du unbeschränktes Vertrauen zu deiner Meinung.
Das war für mich als Kind nicht einmal so blendend wie später
für den heranwachsenden jungen Mann. In deinem Lehnstuhl
regiertest du die Welt. Deine Meinung war richtig, jede andere
war verrückt, überspannt, meschugge, nicht normal. Dabei war
30 dein Selbstvertrauen so groß, dass du gar nicht konsequent sein
musstest und doch nicht aufhörtest, Recht zu haben. Es konnte
auch vorkommen, dass du in einer Sache gar keine Meinung hattest und infolgedessen alle Meinungen, die hinsichtlich der Sache
überhaupt möglich waren, ohne Ausnahme falsch sein mussten.
35 Du konntest zum Beispiel auf die Tschechen[1] schimpfen, dann

---

[1] wesentliche Bevölkerungsgruppierung in Kafkas Heimatstadt Prag

auf die Deutschen, dann auf die Juden, und zwar nicht nur in Auswahl, sondern in jeder Hinsicht, und schließlich blieb niemand mehr übrig außer dir. Du bekamst für mich das Rätselhafte, das alle Tyrannen[1] haben, deren Recht auf ihrer Person, nicht auf dem Denken begründet ist. Wenigstens schien es mir so.

Nun behieltest du ja mir gegenüber tatsächlich erstaunlich oft Recht, im Gespräch war das selbstverständlich, denn zum Gespräch kam es kaum, aber auch in Wirklichkeit. Doch war auch das nichts besonders Unbegreifliches: Ich stand ja in allem meinem Denken unter deinem schweren Druck, auch in dem Denken, das nicht mit dem deinen übereinstimmte, und besonders in diesem. Alle diese von dir scheinbar abhängigen Gedanken waren von Anfang an belastet mit deinem absprechenden Urteil[2]; bis zur vollständigen und dauernden Ausführung des Gedankens das zu ertragen, war fast unmöglich. Ich rede hier nicht von irgendwelchen hohen Gedanken, sondern von jedem kleinen Unternehmen der Kinderzeit. Man musste nur über irgendeine Sache glücklich sein, von ihr erfüllt sein, nach Hause kommen und es aussprechen, und die Antwort war ein ironisches Seufzen, ein Kopfschütteln, ein Fingerklopfen auf den Tisch: „Hab auch schon etwas Schöneres gesehn" oder „Mir gesagt deine Sorgen" oder „Ich hab keinen so geruhten Kopf" oder „Kauf dir was dafür!" oder „Auch ein Ereignis!" Natürlich konnte man nicht für jede Kinderkleinigkeit Begeisterung von dir verlangen, wenn du in Sorge und Plage lebtest. Darum handelte es sich auch nicht. Es handelte sich vielmehr darum, dass du solche Enttäuschungen dem Kinde immer und grundsätzlich bereiten musstest kraft deines gegensätzlichen Wesens, weiter, dass dieser Gegensatz durch Anhäufung des Materials sich unaufhörlich verstärkte, sodass er sich schließlich auch gewohnheitsmäßig geltend machte, wenn du einmal der gleichen Meinung warst wie ich, und dass endlich diese Enttäuschungen des Kindes nicht Enttäuschungen des gewöhnlichen Lebens waren, sondern, da es ja um deine für alles

---

[1] Gewaltherrscher
[2] Negativurteil

maßgebende Person ging, im Kern trafen. Der Mut, die Entschlossenheit, die Zuversicht, die Freude an dem und jenem
hielten nicht bis zum Ende aus, wenn du dagegen warst oder
schon wenn deine Gegnerschaft bloß angenommen werden
konnte; und angenommen konnte sie wohl bei fast allem werden,
was ich tat.

Das bezog sich auf Gedanken so gut wie auf Menschen. Es genügte, dass ich an einem Menschen ein wenig Interesse hatte – es
geschah ja infolge meines Wesens nicht sehr oft –, dass du schon
ohne jede Rücksicht auf mein Gefühl und ohne Achtung vor
meinem Urteil mit Beschimpfung, Verleumdung, Entwürdigung
dreinfuhrst. Unschuldige, kindliche Menschen, wie zum Beispiel
der jiddische Schauspieler Löwy[1], mussten das büßen. Ohne ihn
zu kennen, verglichst du ihn in einer schrecklichen Weise, die ich
schon vergessen habe, mit Ungeziefer, und wie so oft für Leute,
die mir lieb waren, hattest du automatisch das Sprichwort von
den Hunden und Flöhen[2] bei der Hand. An den Schauspieler erinnere ich mich hier besonders, weil ich deine Aussprüche über
ihn damals mir mit der Bemerkung notierte: „So spricht mein
Vater über meinen Freund (den er gar nicht kennt) nur deshalb,
weil er mein Freund ist. Das werde ich ihm immer entgegenhalten können, wenn er mir Mangel an kindlicher Liebe und Dankbarkeit vorwerfen wird." Unverständlich war mir immer deine
vollständige Empfindungslosigkeit dafür, was für Leid und
Schande du mit deinen Worten und Urteilen mir zufügen konntest; es war, als hättest du keine Ahnung von deiner Macht. Auch
ich habe dich sicher oft mit Worten gekränkt, aber dann wusste
ich es immer, es schmerzte mich, aber ich konnte mich nicht beherrschen, das Wort nicht zurückhalten, ich bereute es schon,

---

[1] Gemeint ist Jizchak Löwy, Mitglied einer umherziehenden Schauspiel-
truppe, die jiddische Theaterstücke präsentierte. Während Kafka durch
Löwy in seinem Interesse für das Ostjudentum bestärkt wurde und sich
mit ihm anfreundete, lehnte Hermann Kafka ihn ab.

[2] Das Sprichwort lautet: „Wer sich mit den Hunden zu Bett legt, steht mit
Wanzen auf". Es spielt auf eine vermeintlich rückständige Lebensweise
an und beinhaltet den Appell, sich von bestimmten Menschen fernzuhal-
ten.

während ich es sagte. Du aber schlugst mit deinen Worten ohneweiters los, niemand tat dir leid, nicht währenddessen, nicht nachher, man war gegen dich vollständig wehrlos.

Aber so war deine ganze Erziehung. Du hast, glaube ich, ein Erziehungstalent; einem Menschen deiner Art hättest du durch Erziehung gewiss nützen können; er hätte die Vernünftigkeit dessen, was du ihm sagtest, eingesehn, sich um nichts Weiteres gekümmert und die Sachen ruhig so ausgeführt. Für mich als Kind war aber alles, was du mir zuriefst, geradezu Himmelsgebot, ich vergaß es nie, es blieb mir das wichtigste Mittel zur Beurteilung der Welt, vor allem zur Beurteilung deiner selbst, und da versagtest du vollständig. Da ich als Kind hauptsächlich beim Essen mit dir beisammen war, war dein Unterricht zum großen Teil Unterricht im richtigen Benehmen bei Tisch. Was auf den Tisch kam, musste aufgegessen werden, über die Güte des Essens durfte nicht gesprochen werden – du aber fandest das Essen oft ungenießbar; nanntest es „das Fressen"; das „Vieh" (die Köchin) hatte es verdorben. Weil du entsprechend deinem kräftigen Hunger und deiner besonderen Vorliebe alles schnell, heiß und in großen Bissen gegessen hast, musste sich das Kind beeilen, düstere Stille war bei Tisch, unterbrochen von Ermahnungen: „zuerst iss, dann sprich" oder „schneller, schneller, schneller" oder „siehst du, ich habe schon längst aufgegessen". Knochen durfte man nicht zerbeißen, du ja. Essig durfte man nicht schlürfen, du ja. Die Hauptsache war, dass man das Brot gerade schnitt; dass du das aber mit einem von Sauce triefenden Messer tatest, war gleichgültig. Man musste Acht geben, dass keine Speisereste auf den Boden fielen, unter dir lag schließlich am meisten. Bei Tisch durfte man sich nur mit Essen beschäftigen, du aber putztest und schnittest dir die Nägel, spitztest Bleistifte, reinigtest mit dem Zahnstocher die Ohren. Bitte, Vater, verstehe mich recht, das wären an sich vollständig unbedeutende Einzelheiten gewesen, niederdrückend wurden sie für mich erst dadurch, dass du, der für mich so ungeheuer maßgebende Mensch, dich selbst an die Gebote nicht hieltest, die du mir auferlegtest. Dadurch wurde die Welt für mich in drei Teile geteilt, in einen, wo ich, der Sklave, lebte, unter Gesetzen, die nur für mich erfunden waren und denen ich überdies,

ich wusste nicht warum, niemals völlig entsprechen konnte, dann
in eine zweite Welt, die unendlich von meiner entfernt war, in der
du lebtest, beschäftigt mit der Regierung, mit dem Ausgeben der
Befehle und mit dem Ärger wegen deren Nichtbefolgung, und
5 schließlich in eine dritte Welt, wo die übrigen Leute glücklich und
frei von Befehlen und Gehorchen lebten. Ich war immerfort in
Schande, entweder befolgte ich deine Befehle, das war Schande,
denn sie galten ja nur für mich; oder ich war trotzig, das war auch
Schande, denn wie durfte ich dir gegenüber trotzig sein, oder ich
10 konnte nicht folgen, weil ich zum Beispiel nicht deine Kraft, nicht
deinen Appetit, nicht deine Geschicklichkeit hatte, trotzdem du
es als etwas Selbstverständliches von mir verlangtest; das war allerdings die größte Schande. In dieser Weise bewegten sich nicht
die Überlegungen, aber das Gefühl des Kindes.
15 Meine damalige Lage wird vielleicht deutlicher, wenn ich sie mit
der von Felix vergleiche. Auch ihn behandelst du ja ähnlich, ja
wendest sogar ein besonders fürchterliches Erziehungsmittel gegen ihn an, indem du, wenn er beim Essen etwas deiner Meinung
nach Unreines macht, dich nicht damit begnügst, wie damals zu
20 mir, zu sagen: „Du bist ein großes Schwein", sondern noch hin-
zufügst: „Ein echter Hermann" oder „genau wie dein Vater". Nun
schadet das aber vielleicht – mehr als „vielleicht" kann man nicht
sagen – dem Felix wirklich nicht wesentlich, denn für ihn bist du
eben nur ein allerdings besonders bedeutender Großvater, aber
25 doch nicht alles, wie du es für mich gewesen bist, außerdem ist
Felix ein ruhiger, schon jetzt gewissermaßen männlicher Charakter, der sich durch eine Donnerstimme vielleicht verblüffen, aber
nicht für die Dauer bestimmen lässt, vor allem aber ist er doch
nur verhältnismäßig selten mit dir beisammen, steht ja auch un-
30 ter anderen Einflüssen, du bist ihm mehr etwas liebes Kurioses,
aus dem er auswählen kann, was er sich nehmen will. Mir warst
du nichts Kurioses, ich konnte nicht auswählen, ich musste alles
nehmen.
Und zwar ohne etwas dagegen vorbringen zu können, denn es ist
35 dir von vornherein nicht möglich, ruhig über eine Sache zu sprechen, mit der du nicht einverstanden bist oder die bloß nicht von
dir ausgeht; dein herrisches Temperament lässt das nicht zu. In

den letzten Jahren erklärst du das durch deine Herznervosität[1], ich wüsste nicht, dass du jemals wesentlich anders gewesen bist, höchstens ist dir die Herznervosität ein Mittel zur strengeren Ausübung der Herrschaft, da der Gedanke daran die letzte Wider-
5 rede im anderen ersticken muss. Das ist natürlich kein Vorwurf, nur Feststellung einer Tatsache. Etwa bei Ottla: „Man kann ja mit ihr gar nicht sprechen, sie springt einem gleich ins Gesicht", pflegst du zu sagen, aber in Wirklichkeit springt sie ursprünglich gar nicht; du verwechselst die Sache mit der Person; die Sache
10 springt dir ins Gesicht, und du entscheidest sie sofort ohne Anhö-ren der Person, was nachher noch vorgebracht wird, kann dich nur weiter reizen, niemals überzeugen. Dann hört man von dir nur noch: „Mach, was du willst; von mir aus bist du frei; du bist großjährig[2]; ich habe dir keine Ratschläge zu geben", und alles
15 das mit dem fürchterlichen heiseren Unterton des Zornes und der vollständigen Verurteilung, vor dem ich heute nur deshalb weniger zittere als in der Kinderzeit, weil das ausschließliche Schuldgefühl des Kindes zum Teil ersetzt ist durch den Einblick in unser beider Hilflosigkeit.
20 Die Unmöglichkeit des ruhigen Verkehrs[3] hatte noch eine weitere eigentlich sehr natürliche Folge: Ich verlernte das Reden. Ich wä-re ja wohl auch sonst kein großer Redner geworden, aber die ge-wöhnlich fließende menschliche Sprache hätte ich doch be-herrscht. Du hast mir aber schon früh das Wort verboten, deine
25 Drohung: „Kein Wort der Widerrede!" und die dazu erhobene Hand begleiteten mich schon seit jeher. Ich bekam vor dir – du bist, sobald es um deine Dinge geht, ein ausgezeichneter Redner – eine stockende, stotternde Art des Sprechens, auch das war dir noch zu viel, schließlich schwieg ich, zuerst vielleicht aus Trotz,
30 dann, weil ich vor dir weder denken noch reden konnte. Und weil du mein eigentlicher Erzieher warst, wirkte das überall in meinem Leben nach. Es ist überhaupt ein merkwürdiger Irrtum, wenn du

---

[1] nervöser Belastungszustand, der sich in Störungen des Herz-Kreislauf-systems äußert
[2] volljährig, erwachsen, mündig
[3] gemeint ist hier: ein gemäßigter Umgang miteinander

glaubst, ich hätte mich dir nie gefügt. „Immer alles contra" ist wirklich nicht mein Lebensgrundsatz dir gegenüber gewesen, wie du glaubst und mir vorwirfst. Im Gegenteil: Hätte ich dir weniger gefolgt, du wärest sicher viel zufriedener mit mir. Vielmehr
5 haben alle deine Erziehungsmaßnahmen genau getroffen; keinem Griff bin ich ausgewichen; so wie ich bin, bin ich (von den Grundlagen und der Einwirkung des Lebens natürlich abgesehen) das Ergebnis deiner Erziehung und meiner Folgsamkeit. Dass dieses Ergebnis dir trotzdem peinlich ist, ja, dass du dich
10 unbewusst weigerst, es als dein Erziehungsergebnis anzuerkennen, liegt eben daran, dass deine Hand und mein Material einander so fremd gewesen sind. Du sagtest: „Kein Wort der Widerrede!" und wolltest damit die dir unangenehmen Gegenkräfte in mir zum Schweigen bringen, diese Einwirkung war aber für mich
15 zu stark, ich war zu folgsam, ich verstummte gänzlich, verkroch mich vor dir und wagte mich erst zu regen, wenn ich so weit von dir entfernt war, dass deine Macht, wenigstens direkt, nicht mehr hinreichte. Du aber standst davor, und alles schien dir wieder „contra" zu sein, während es nur selbstverständliche Folge deiner
20 Stärke und meiner Schwäche war.

Deine äußerst wirkungsvollen, wenigstens mir gegenüber niemals versagenden rednerischen Mittel bei der Erziehung waren: Schimpfen, Drohen, Ironie, böses Lachen und – merkwürdigerweise – Selbstbeklagung.
25 Dass du mich direkt und mit ausdrücklichen Schimpfwörtern beschimpft hättest, kann ich mich nicht erinnern. Es war auch nicht nötig, du hattest so viele andere Mittel, auch flogen im Gespräch zu Hause und besonders im Geschäft die Schimpfwörter rings um mich in solchen Mengen auf andere nieder, dass ich als klei-
30 ner Junge manchmal davon fast betäubt war und keinen Grund hatte, sie nicht auch auf mich zu beziehen, denn die Leute, die du beschimpftest, waren gewiss nicht schlechter als ich, und du warst gewiss mit ihnen nicht unzufriedener als mit mir. Und auch hier war wieder deine rätselhafte Unschuld und Unangreif-
35 barkeit, du schimpftest, ohne dir irgendwelche Bedenken deshalb zu machen, ja du verurteiltest das Schimpfen bei anderen und verbotest es.

Das Schimpfen verstärktest du mit Drohen, und das galt nun auch schon mir. Schrecklich war mir zum Beispiel dieses: „Ich zerreiße dich wie einen Fisch", trotzdem ich ja wusste, dass dem nichts Schlimmeres nachfolgte (als kleines Kind wusste ich das allerdings nicht), aber es entsprach fast meinen Vorstellungen von deiner Macht, dass du auch das imstande gewesen wärest. Schrecklich war es auch, wenn du schreiend um den Tisch herumliefst, um einen zu fassen, offenbar gar nicht fassen wolltest, aber doch so tatest, und die Mutter einen schließlich scheinbar rettete. Wieder hatte man einmal, so schien es dem Kind, das Leben durch deine Gnade behalten und trug es als dein unverdientes Geschenk weiter. Hierher gehören auch die Drohungen wegen der Folgen des Ungehorsams. Wenn ich etwas zu tun anfing, was dir nicht gefiel, und du drohtest mir mit dem Misserfolg, so war die Ehrfurcht vor deiner Meinung so groß, dass damit der Misserfolg, wenn auch vielleicht erst für eine spätere Zeit, unaufhaltsam war. Ich verlor das Vertrauen zu eigenem Tun. Ich war unbeständig, zweifelhaft. Je älter ich wurde, desto größer war das Material, das du mir zum Beweis meiner Wertlosigkeit entgegenhalten konntest; allmählich bekamst du in gewisser Hinsicht wirklich Recht. Wieder hüte ich mich zu behaupten, dass ich nur durch dich so wurde; du verstärktest nur, was war, aber du verstärktest es sehr, weil du eben mir gegenüber sehr mächtig warst und alle Macht dazu verwendetest.

Ein besonderes Vertrauen hattest du zur Erziehung durch Ironie, sie entsprach auch am besten deiner Überlegenheit über mich. Eine Ermahnung hatte bei dir gewöhnlich diese Form: „Kannst du das nicht so und so machen? Das ist dir wohl schon zu viel? Dazu hast du natürlich keine Zeit?" und ähnlich. Dabei jede solche Frage begleitet von bösem Lachen und bösem Gesicht. Man wurde gewissermaßen schon bestraft, ehe man noch wusste, dass man etwas Schlechtes getan hatte. Aufreizend waren auch jene Zurechtweisungen, wo man als dritte Person behandelt, also nicht einmal des bösen Ansprechens gewürdigt wurde; wo du also etwa formell zur Mutter sprachst, aber eigentlich zu mir, der dabeisaß, zum Beispiel: „Das kann man vom Herrn Sohn natürlich nicht haben" und dergleichen. (Das bekam dann sein Gegen-

spiel darin, dass ich zum Beispiel nicht wagte und später aus Gewohnheit gar nicht mehr daran dachte, dich direkt zu fragen,
wenn die Mutter dabei war. Es war dem Kind viel ungefährlicher,
die neben dir sitzende Mutter nach dir auszufragen, man fragte
dann die Mutter: „Wie geht es dem Vater?" und sicherte sich so vor
Überraschungen.) Es gab natürlich auch Fälle, wo man mit der
ärgsten Ironie sehr einverstanden war, nämlich wenn sie einen
anderen betraf, zum Beispiel die Elli, mit der ich jahrelang böse
war. Es war für mich ein Fest der Bosheit und Schadenfreude,
wenn es von ihr fast bei jedem Essen etwa hieß: „Zehn Meter weit
vom Tisch muss sie sitzen, die breite Mad" und wenn du dann
böse auf deinem Sessel, ohne die leiseste Spur von Freundlichkeit
oder Laune, sondern als erbitterter Feind übertrieben ihr nachzumachen suchtest, wie äußerst widerlich für deinen Geschmack
sie dasaß. Wie oft hat sich das und Ähnliches wiederholen müssen, wie wenig hast du im Tatsächlichen dadurch erreicht. Ich
glaube, es lag daran, dass der Aufwand von Zorn und Bösesein
zur Sache selbst in keinem richtigen Verhältnis zu sein schien,
man hatte nicht das Gefühl, dass der Zorn durch diese Kleinigkeit
des Weit-vom-Tische-Sitzens erzeugt sei, sondern dass er in seiner ganzen Größe von vornherein vorhanden war und nur zufällig gerade diese Sache als Anlass zum Losbrechen genommen
habe. Da man überzeugt war, dass sich ein Anlass jedenfalls finden würde, nahm man sich nicht besonders zusammen, auch
stumpfte man unter der fortwährenden Drohung ab; dass man
nicht geprügelt wurde, dessen war man ja allmählich fast sicher.
Man wurde ein mürrisches, unaufmerksames, ungehorsames
Kind, immer auf eine Flucht, meist eine innere, bedacht. So littest
du, so litten wir. Du hattest von deinem Standpunkt ganz Recht,
wenn du mit zusammengebissenen Zähnen und dem gurgeln-
den Lachen, welches dem Kind zum ersten Mal höllische Vorstellungen vermittelt hatte, bitter zu sagen pflegtest (wie erst letzthin
wegen eines Konstantinopler Briefes[1]): „Das ist eine Gesellschaft!"
Ganz unverträglich mit dieser Stellung zu deinen Kindern schien
es zu sein, wenn du, was ja sehr oft geschah, öffentlich dich be-

---

[1] wahrscheinlich ein Brief von einem Geschäftspartner aus Konstantinopel

klagtest. Ich gestehe, dass ich als Kind (später wohl) dafür gar kein Gefühl hatte und nicht verstand, wie du überhaupt erwarten konntest, Mitgefühl zu finden. Du warst so riesenhaft in jeder Hinsicht; was konnte dir an unserem Mitleid liegen oder gar un-
5 serer Hilfe? Die musstest du doch eigentlich verachten, wie uns selbst so oft. Ich glaubte daher den Klagen nicht und suchte irgendeine geheime Absicht hinter ihnen. Erst später begriff ich, dass du wirklich durch die Kinder sehr littest, damals aber, wo die Klagen noch unter anderen Umständen einen kindlichen, offe-
10 nen, bedenkenlosen, zu jeder Hilfe bereiten Sinn hätten antreffen können, mussten sie mir wieder nur überdeutliche Erziehungs- und Demütigungsmittel sein, als solche an sich nicht sehr stark, aber mit der schädlichen Nebenwirkung, dass das Kind sich gewöhnte, gerade Dinge nicht sehr ernst zu nehmen, die es ernst
15 hätte nehmen sollen.

Es gab glücklicherweise davon allerdings auch Ausnahmen, meistens wenn du schweigend littest und Liebe und Güte mit ihrer Kraft alles Entgegenstehende überwanden und unmittelbar ergriffen. Selten war das allerdings, aber es war wunderbar. Etwa wenn
20 ich dich früher in heißen Sommern mittags nach dem Essen im Geschäft müde ein wenig schlafen sah, den Ellbogen auf dem Pult, oder wenn du sonntags abgehetzt zu uns in die Sommerfrische[1] kamst; oder wenn du bei einer schweren Krankheit der Mutter zitternd vom Weinen dich am Bücherkasten festhieltest; oder
25 wenn du während meiner letzten Krankheit[2] leise zu mir in Ottlas Zimmer kamst, auf der Schwelle bliebst, nur den Hals strecktest, um mich im Bett zu sehen, und aus Rücksicht nur mit der Hand grüßtest. Zu solchen Zeiten legte man sich hin und weinte vor Glück und weint jetzt wieder, während man es schreibt.
30 Du hast auch eine besonders schöne, sehr selten zu sehende Art eines stillen, zufriedenen, gutheißenden Lächelns, das den, dem es gilt, ganz glücklich machen kann. Ich kann mich nicht erin-

---

[1] Die Kafkas hatten in der warmen Jahreszeit eine Sommerwohnung in der ländlichen Umgebung Prags.
[2] Gemeint ist eine schwere Grippe mit hohem Fieber, an der Kafka 1918 erkrankte und die ihn beinahe das Leben kostete.

nern, dass es in meiner Kindheit ausdrücklich mir zuteil geworden wäre, aber es dürfte wohl geschehen sein, denn warum solltest du es mir damals verweigert haben, da ich dir noch unschuldig schien und deine große Hoffnung war. Übrigens haben auch
5 solche freundliche Eindrücke auf die Dauer nichts anderes er-
zielt, als mein Schuldbewusstsein vergrößert und die Welt mir
noch unverständlicher gemacht.

Lieber hielt ich mich ans Tatsächliche und Fortwährende. Um
mich dir gegenüber nur ein wenig zu behaupten, zum Teil auch
10 aus einer Art Rache, fing ich bald an, kleine Lächerlichkeiten, die
ich an dir bemerkte, zu beobachten, zu sammeln, zu übertreiben.
Wie du zum Beispiel leicht dich von meist nur scheinbar höher
stehenden Personen blenden ließest und davon immerfort erzählen konntest, etwa von irgendeinem kaiserlichen Rat[1] oder der-
15 gleichen (andererseits tat mir etwas Derartiges auch weh, dass du,
mein Vater, solche nichtige Bestätigungen deines Wertes zu brauchen glaubtest und mit ihnen großtatest). Oder ich beobachtete
deine Vorliebe für unanständige, möglichst laut herausgebrachte
Redensarten, über die du lachtest, als hättest du etwas besonders
20 Vortreffliches gesagt, während es eben nur eine platte, kleine Un-
anständigkeit war (gleichzeitig war es allerdings auch wieder eine
mich beschämende Äußerung deiner Lebenskraft). Solcher verschiedener Beobachtungen gab es natürlich eine Menge; ich war
glücklich über sie, es gab für mich Anlass zu Getuschel und Spaß,
25 du bemerktest es manchmal, ärgertest dich darüber, hieltest es
für Bosheit, Respektlosigkeit, aber glaube mir, es war nichts anderes für mich als ein übrigens untaugliches Mittel zur Selbster-
haltung, es waren Scherze, wie man sie über Götter und Könige
verbreitet, Scherze, die mit dem tiefsten Respekt nicht nur sich
30 verbinden lassen, sondern sogar zu ihm gehören.

Auch du hast übrigens, entsprechend deiner ähnlichen Lage mir
gegenüber, eine Art Gegenwehr versucht. Du pflegtest darauf hin-

---

[1] Während der Abfassungszeit gab es unter den Prager Juden eine Tendenz
zur Verklärung der Donaumonarchie und zur Verehrung seiner Vertreter,
insbesondere des Kaisers Franz-Joseph. Hieraus erklärt sich wahrscheinlich auch Kafkas Vorname.

zuweisen, wie übertrieben gut es mir ging und wie gut ich eigentlich behandelt worden bin. Das ist richtig, ich glaube aber nicht, dass es mir unter den einmal vorhandenen Umständen im Wesentlichen genützt hat.

5 Es ist wahr, dass die Mutter grenzenlos gut zu mir war, aber alles das stand für mich in Beziehung zu dir, also in keiner guten Beziehung. Die Mutter hatte unbewusst die Rolle des Treibers in der Jagd. Wenn schon deine Erziehung in irgendeinem unwahrscheinlichen Fall mich durch Erzeugung von Trotz, Abneigung

10 oder gar Hass auf eigene Füße hätte stellen können, so glich das die Mutter durch Gutsein, durch vernünftige Rede (sie war im Wirrwarr der Kindheit das Urbild der Vernunft), durch Fürbitte wieder aus, und ich war wieder in deinen Kreis zurückgetrieben, aus dem ich sonst vielleicht, dir und mir zum Vorteil, ausgebro-

15 chen wäre. Oder es war so, dass es zu keiner eigentlichen Versöhnung kam, dass die Mutter mich vor dir bloß im Geheimen schützte, mir im Geheimen etwas gab, etwas erlaubte, dann war ich wieder vor dir das lichtscheue Wesen, der Betrüger, der Schuldbewusste, der wegen seiner Nichtigkeit selbst zu dem, was er für

20 sein Recht hielt, nur auf Schleichwegen kommen konnte. Natürlich gewöhnte ich mich dann, auf diesen Wegen auch das zu suchen, worauf ich, selbst meiner Meinung nach, kein Recht hatte. Das war wieder Vergrößerung des Schuldbewusstseins.

Es ist auch wahr, dass du mich kaum einmal wirklich geschlagen

25 hast. Aber das Schreien, das Rotwerden deines Gesichts, das eilige Losmachen der Hosenträger, ihr Bereitliegen auf der Stuhllehne, war für mich fast ärger. Es ist, wie wenn einer gehenkt werden soll. Wird er wirklich gehenkt, dann ist er tot und es ist alles vorüber. Wenn er aber alle Vorbereitungen zum Gehenkt-

30 werden miterleben muss und erst, wenn ihm die Schlinge vor dem Gesicht hängt, von seiner Begnadigung erfährt, so kann er sein Leben lang daran zu leiden haben. Überdies sammelte sich aus diesen vielen Malen, wo ich deiner deutlich gezeigten Meinung nach Prügel verdient hätte, ihnen aber aus deiner Gnade

35 noch knapp entgangen war, wieder nur ein großes Schuldbewusstsein an. Von allen Seiten her kam ich in deine Schuld.

Seit jeher machtest du mir zum Vorwurf (und zwar mir allein oder
vor anderen, für das Demütigende des Letzteren hattest du kein
Gefühl, die Angelegenheiten deiner Kinder waren immer öffentlich), dass ich dank deiner Arbeit ohne alle Entbehrungen in Ruhe,
5 Wärme, Fülle lebte. Ich denke da an Bemerkungen, die in meinem
Gehirn förmlich Furchen gezogen haben müssen wie: „Schon mit
sieben Jahren musste ich mit dem Karren durch die Dörfer fah-
ren." „Wir mussten alle in einer Stube schlafen." „Wir waren glücklich, wenn wir Erdäpfel hatten." „Jahrelang hatte ich wegen unge-
10 nügender Winterkleidung offene Wunden an den Beinen." „Als
kleiner Junge musste ich schon nach Pisek[1] ins Geschäft." „Von zu
Hause bekam ich gar nichts, nicht einmal beim Militär, ich schickte noch Geld nach Hause." „Aber trotzdem, trotzdem – der Vater
war immer der Vater. Wer weiß das heute! Was wissen die Kinder!
15 Das hat niemand gelitten! Versteht das heute ein Kind?" Solche
Erzählungen hätten unter anderen Verhältnissen ein ausgezeich-
netes Erziehungsmittel sein können, sie hätten zum Überstehen
der gleichen Plagen und Entbehrungen, die der Vater durchgemacht hatte, aufmuntern und kräftigen können. Aber das wolltest
20 du doch gar nicht, die Lage war ja eben durch das Ergebnis deiner
Mühe eine andere geworden, Gelegenheit, sich in der Weise auszu-
zeichnen, wie du es getan hattest, gab es nicht. Eine solche Gelegenheit hätte man erst durch Gewalt und Umsturz schaffen müssen, man hätte von zu Hause ausbrechen müssen (vorausgesetzt,
25 dass man die Entschlussfähigkeit und die Kraft dazu gehabt hätte
und die Mutter nicht ihrerseits mit anderen Mitteln dagegen gearbeitet hätte). Aber das alles wolltest du doch gar nicht, das bezeich-
netest du als Undankbarkeit, Überspanntheit, Ungehorsam, Verrat, Verrücktheit. Während du also von einer Seite durch Beispiel,
30 Erzählung und Beschämung dazu locktest, verbotest du es auf der
anderen Seite allerstrengstens. Sonst hättest du zum Beispiel, von
den Nebenumständen abgesehen, von Ottlas Zürauer Abenteuer[2]

---

[1] tschechische Stadt mit höherer Einwohnerzahl als Hermann Kafkas Ge-
     burtsort Wossek
[2] Vorhaben der Schwester Ottla, einen verwaisten Hof in Zürau zu bewirt-
     schaften, was ihre Eltern nicht akzeptierten

eigentlich entzückt sein müssen. Sie wollte auf das Land, von dem
du gekommen warst, sie wollte Arbeit und Entbehrungen haben,
wie du sie gehabt hattest, sie wollte nicht deine Arbeitserfolge genießen, wie auch du von deinem Vater unabhängig gewesen bist.
5 Waren das so schreckliche Absichten? So fern deinem Beispiel und
deiner Lehre? Gut, die Absichten Ottlas misslangen schließlich im
Ergebnis, wurden vielleicht etwas lächerlich, mit zu viel Lärm ausgeführt, sie nahm nicht genug Rücksicht auf ihre Eltern. War das
aber ausschließlich ihre Schuld, nicht auch die Schuld der Verhält-
10 nisse und vor allem dessen, dass du ihr so entfremdet warst? War
sie dir etwa (wie du dir später selbst einreden wolltest) im Geschäft
weniger entfremdet als nachher in Zürau? Und hättest du nicht
ganz gewiss die Macht gehabt (vorausgesetzt, dass du dich dazu
hättest überwinden können), durch Aufmunterung, Rat und Auf-
15 sicht, vielleicht sogar nur durch Duldung, aus diesem Abenteuer
etwas sehr Gutes zu machen?

Anschließend an solche Erfahrungen pflegtest du in bitterem
Scherz zu sagen, dass es uns zu gut ging. Aber dieser Scherz ist in
gewissem Sinn keiner. Das, was du dir erkämpfen musstest, beka-
20 men wir aus deiner Hand, aber den Kampf um das äußere Leben,
der dir sofort zugänglich war und der natürlich auch uns nicht
erspart bleibt, den müssen wir uns erst spät, mit Kinderkraft im
Mannesalter, erkämpfen. Ich sage nicht, dass unsere Lage deshalb
unbedingt ungünstiger ist, als es deine war, sie ist jener vielmehr
25 wahrscheinlich gleichwertig – (wobei allerdings die Grundanlagen
nicht verglichen sind), nur darin sind wir im Nachteil, dass wir mit
unserer Not uns nicht rühmen und niemanden mit ihr demütigen
können, wie du es mit deiner Not getan hast. Ich leugne auch
nicht, dass es möglich gewesen wäre, dass ich die Früchte deiner
30 großen und erfolgreichen Arbeit wirklich richtig hätte genießen,
verwerten und mit ihnen zu deiner Freude hätte weiterarbeiten
können, dem aber stand eben unsere Entfremdung entgegen. Ich
konnte, was du gabst, genießen, aber nur in Beschämung, Müdigkeit, Schwäche, Schuldbewusstsein. Deshalb konnte ich dir für
35 alles nur bettlerhaft dankbar sein, durch die Tat nicht.

Das nächste äußere Ergebnis dieser ganzen Erziehung war, dass
ich alles floh, was nur von der Ferne an dich erinnerte. Zuerst das

Geschäft. An und für sich besonders in der Kinderzeit, solange es
ein Gassengeschäft war, hätte es mich sehr freuen müssen, es war
so lebendig, abends beleuchtet, man sah, man hörte viel, konnte
hie und da helfen, sich auszeichnen, vor allem aber dich bewun-
5 dern in deinen großartigen kaufmännischen Talenten, wie du
verkauftest, Leute behandeltest, Späße machtest, unermüdlich
warst, in Zweifelsfällen sofort die Entscheidung wusstest und so
weiter; noch wie du einpacktest oder eine Kiste aufmachtest, war
ein sehenswertes Schauspiel und das Ganze alles in allem nicht
10 die schlechteste Kinderschule. Aber da du allmählich von allen
Seiten mich erschrecktest und Geschäft und du sich mir decktest,
war mir auch das Geschäft nicht mehr behaglich. Dinge, die mir
dort zuerst selbstverständlich gewesen waren, quälten, beschäm-
ten mich, besonders deine Behandlung des Personals. Ich weiß
15 nicht, vielleicht ist sie in den meisten Geschäften so gewesen (in
der Assicuracioni Generali, zum Beispiel, war sie zu meiner Zeit
wirklich ähnlich, ich erklärte dort dem Direktor, nicht ganz wahr-
heitsgemäß, aber auch nicht ganz erlogen, meine Kündigung damit, dass ich das Schimpfen, das übrigens mich direkt gar nicht
20 betroffen hatte, nicht ertragen könne; ich war darin zu schmerzhaft empfindlich schon von Hause her), aber die anderen Geschäfte kümmerten mich in der Kinderzeit nicht. Dich aber hörte
und sah ich im Geschäft schreien, schimpfen und wüten, wie es
meiner damaligen Meinung nach in der ganzen Welt nicht wie-
25 der vorkam. Und nicht nur schimpfen, auch sonstige Tyrannei.
Wie du zum Beispiel Waren, die du mit anderen nicht verwech-
selt haben wolltest, mit einem Ruck vom Pult hinunterwarfst –
nur die Besinnungslosigkeit deines Zorns entschuldigte dich ein
wenig – und der Kommis sie aufheben musste. Oder deine stän-
30 dige Redensart hinsichtlich eines lungenkranken Kommis: „Er
soll krepieren, der kranke Hund." Du nanntest die Angestellten
„bezahlte Feinde", das waren sie auch, aber noch ehe sie es geworden waren, schienst du mir ihr „zahlender Feind" zu sein. Dort
bekam ich auch die große Lehre, dass du ungerecht sein konn-
35 test; an mir selbst hätte ich es nicht so bald bemerkt, da hatte sich
ja zu viel Schuldgefühl angesammelt, das dir Recht gab; aber dort
waren nach meiner, später natürlich ein wenig, aber nicht allzu

sehr korrigierten, Kindermeinung fremde Leute, die doch für uns arbeiteten und dafür in fortwährender Angst vor dir leben mussten. Natürlich übertrieb ich da, und zwar deshalb, weil ich ohneweiters annahm, du wirktest auf die Leute ebenso schrecklich wie auf mich. Wenn das so gewesen wäre, hätten sie wirklich nicht leben können; da sie aber erwachsene Leute mit meist ausgezeichneten Nerven waren, schüttelten sie das Schimpfen ohne Mühe von sich ab, und es schadete dir schließlich viel mehr als ihnen. Mir aber machte es das Geschäft unleidlich, es erinnerte mich allzusehr an mein Verhältnis zu dir: Du warst, ganz abgesehen vom Unternehmerinteresse und abgesehen von deiner Herrschsucht, schon als Geschäftsmann allen, die jemals bei dir gelernt haben, so sehr überlegen, dass dich keine ihrer Leistungen befriedigen konnte, ähnlich ewig unbefriedigt musstest du auch von mir sein. Deshalb gehörte ich notwendig zur Partei des Personals, übrigens auch deshalb, weil ich schon aus Ängstlichkeit nicht begriff, wie man einen Fremden so beschimpfen konnte, und darum aus Ängstlichkeit das meiner Meinung nach fürchterlich aufgebrachte Personal irgendwie mit dir, mit unserer Familie schon um meiner eigenen Sicherheit willen aussöhnen wollte. Dazu genügte nicht mehr gewöhnliches, anständiges Benehmen gegenüber dem Personal, nicht einmal mehr bescheidenes Benehmen, vielmehr musste ich demütig sein, nicht nur zuerst grüßen, sondern womöglich auch noch den Gegengruß abwehren. Und hätte ich, die unbedeutende Person, ihnen unten die Füße geleckt, es wäre noch immer kein Ausgleich dafür gewesen, wie du, der Herr, oben auf sie loshacktest. Dieses Verhältnis, in das ich hier zu Mitmenschen trat, wirkte über das Geschäft hinaus und in die Zukunft weiter (etwas Ähnliches, aber nicht so gefährlich und tiefgreifend wie bei mir, ist zum Beispiel auch Ottlas Vorliebe für den Verkehr mit armen Leuten, das dich so ärgernde Zusammensitzen mit den Dienstmädchen und dergleichen). Schließlich fürchtete ich mich fast vor dem Geschäft, und jedenfalls war es schon längst nicht mehr meine Sache, ehe ich noch ins Gymnasium kam und dadurch noch weiter davon fortgeführt wurde. Auch schien es mir für meine Fähigkeiten ganz unerschwinglich, da es, wie du sagtest, selbst die deinigen ver-

brauchte. Du suchtest dann (für mich ist das heute rührend und beschämend) aus meiner dich doch sehr schmerzenden Abneigung gegen das Geschäft, gegen dein Werk, doch noch ein wenig Süßigkeit für dich zu ziehen, indem du behauptetest, mir fehle
5 der Geschäftssinn, ich habe höhere Ideen im Kopf und dergleichen. Die Mutter freute sich natürlich über die Erklärung, die du dir abzwangst, und auch ich in meiner Eitelkeit und Not ließ mich davon beeinflussen. Wären es aber wirklich nur oder hauptsächlich die „höheren Ideen" gewesen, die mich vom Geschäft
10 (das ich jetzt, aber erst jetzt, ehrlich und tatsächlich hasse) abbrachten, sie hätten sich anders äußern müssen, als dass sie mich ruhig und ängstlich durchs Gymnasium und durch das Jurastudium schwimmen ließen, bis ich beim Beamtenschreibtisch endgültig landete.
15 Wollte ich vor dir fliehn, musste ich auch vor der Familie fliehn, selbst vor der Mutter. Man konnte bei ihr zwar immer Schutz finden, doch nur in Beziehung zu dir. Zu sehr liebte sie dich und war dir zu sehr treu ergeben, als dass sie in dem Kampf des Kindes eine selbstständige geistige Macht für die Dauer hätte sein
20 können. Ein richtiger Instinkt des Kindes übrigens, denn die Mutter wurde dir mit den Jahren immer noch enger verbunden; während sie immer, was sie selbst betraf, ihre Selbstständigkeit in kleinsten Grenzen schön und zart und ohne dich jemals wesentlich zu kränken, bewahrte, nahm sie doch mit den Jahren immer
25 vollständiger, mehr im Gefühl als im Verstand, deine Urteile und Verurteilungen hinsichtlich der Kinder blindlings über, besonders in dem allerdings schweren Fall der Ottla. Freilich muss man immer im Gedächtnis behalten, wie quälend und bis zum Letzten aufreibend die Stellung der Mutter in der Familie war. Sie hat sich
30 im Geschäft, im Haushalt geplagt, alle Krankheiten der Familie doppelt mitgelitten, aber die Krönung alles dessen war das, was sie in ihrer Zwischenstellung zwischen uns und dir gelitten hat. Du bist immer liebend und rücksichtsvoll zu ihr gewesen, aber in dieser Hinsicht hast du sie ganz genauso wenig geschont, wie wir
35 sie geschont haben. Rücksichtslos haben wir auf sie eingehämmert, du von deiner Seite, wir von unserer. Es war eine Ablenkung, man dachte an nichts Böses, man dachte nur an den Kampf,

den du mit uns, den wir mit dir führten, und auf der Mutter
tobten wir uns aus. Es war auch kein guter Beitrag zur Kinderer-
ziehung, wie du sie – ohne jede Schuld deinerseits natürlich – unseretwegen quältest. Es rechtfertigte sogar scheinbar unser sonst
5 nicht zu rechtfertigendes Benehmen ihr gegenüber. Was hat sie
von uns deinetwegen und von dir unseretwegen gelitten, ganz
ungerechnet jene Fälle, wo du Recht hattest, weil sie uns verzog,
wenn auch selbst dieses „Verziehn" manchmal nur eine stille, un-
bewusste Gegendemonstration gegen dein System gewesen sein
10 mag. Natürlich hätte die Mutter das alles nicht ertragen können,
wenn sie nicht aus der Liebe zu uns allen und aus dem Glück
dieser Liebe die Kraft zum Ertragen genommen hätte.
Die Schwestern gingen nur zum Teil mit mir. Am glücklichsten
in ihrer Stellung zu dir war Valli. Am nächsten der Mutter ste-
15 hend, fügte sie sich dir auch ähnlich, ohne viel Mühe und Schaden. Du nahmst sie aber auch, eben in Erinnerung an die Mutter,
freundlicher hin, trotzdem wenig Kafka'sches Material in ihr war.
Aber vielleicht war dir gerade das recht; wo nichts Kafka'sches
war, konntest selbst du nichts Derartiges verlangen; du hattest
20 auch nicht, wie bei uns andern, das Gefühl, dass hier etwas verloren ging, das mit Gewalt gerettet werden müsste. Übrigens magst
du das Kafka'sche, soweit es sich in Frauen geäußert hat, niemals
besonders geliebt haben. Das Verhältnis Vallis zu dir wäre sogar
vielleicht noch freundlicher geworden, wenn wir anderen es nicht
25 ein wenig gestört hätten.
Die Elli ist das einzige Beispiel für das fast vollständige Gelingen
eines Durchbruches aus deinem Kreis. Von ihr hätte ich es in ihrer Kindheit am wenigsten erwartet. Sie war doch ein so schwer-
fälliges, müdes, furchtsames, verdrossenes, schuldbewusstes,
30 überdemütiges, boshaftes, faules, genäschiges, geiziges Kind, ich
konnte sie kaum ansehn, gar nicht ansprechen, so sehr erinnerte
sie mich an mich selbst, so sehr ähnlich stand sie unter dem gleichen Bann der Erziehung. Besonders ihr Geiz war mir abscheulich, da ich ihn womöglich noch stärker hatte. Geiz ist ja eines der
35 verlässlichsten Anzeichen tiefen Unglücklichseins; ich war so
unsicher aller Dinge, dass ich tatsächlich nur das besaß, was ich
schon in den Händen oder im Mund hielt oder was wenigstens

auf dem Wege dorthin war, und gerade das nahm sie, die in ähnlicher Lage war, mir am liebsten fort. Aber das alles änderte sich, als sie in jungen Jahren, das ist das Wichtigste, von zu Hause wegging, heiratete, Kinder bekam, sie wurde fröhlich, unbekümmert, mutig, freigebig, uneigennützig, hoffnungsvoll. Fast unglaublich ist es, wie du eigentlich diese Veränderung gar nicht bemerkt und jedenfalls nicht nach Verdienst bewertet hast, so geblendet bist du von dem Groll, den du gegen Elli seit jeher hattest und im Grunde unverändert hast, nur dass dieser Groll jetzt viel weniger aktuell geworden ist, da Elli nicht mehr bei uns wohnt und außerdem deine Liebe zu Felix und die Zuneigung zu Karl ihn unwichtiger gemacht haben. Nur Gerti muss ihn manchmal noch entgelten.

Von Ottla wage ich kaum zu schreiben; ich weiß, ich setze damit die ganze erhoffte Wirkung des Briefes aufs Spiel. Unter gewöhnlichen Umständen, also wenn sie nicht etwa in besondere Not oder Gefahr käme, hast du für sie nur Hass; du hast mir ja selbst zugestanden, dass sie deiner Meinung nach mit Absicht dir immerfort Leid und Ärger macht, und während du ihretwegen leidest, ist sie befriedigt und freut sich. Also eine Art Teufel. Was für eine ungeheure Entfremdung, noch größer als zwischen dir und mir, muss zwischen dir und ihr eingetreten sein, damit eine so ungeheure Verkennung möglich wird. Sie ist so weit von dir, dass du sie kaum mehr siehst, sondern ein Gespenst an die Stelle setzt, wo du sie vermutest. Ich gebe zu, dass du es mit ihr besonders schwer hattest. Ich durchschaue ja den sehr komplizierten Fall nicht ganz, aber jedenfalls war hier etwas wie eine Art Löwy, ausgestattet mit den besten Kafka'schen Waffen. Zwischen uns war es kein eigentlicher Kampf; ich war bald erledigt; was übrig blieb, war Flucht, Verbitterung, Trauer, innerer Kampf. Ihr zwei wart aber immer in Kampfstellung, immer frisch, immer bei Kräften. Ein ebenso großartiger wie trostloser Anblick. Zu allererst seid ihr euch ja gewiss sehr nahe gewesen, denn noch heute ist von uns vier Ottla vielleicht die reinste Darstellung der Ehe zwischen dir und der Mutter und der Kräfte, die sich da verbanden. Ich weiß nicht, was euch um das Glück der Eintracht zwischen Vater und Kind gebracht hat, es liegt mir nur nahe, zu glau-

ben, dass die Entwicklung ähnlich war wie bei mir. Auf deiner
Seite die Tyrannei deines Wesens, auf ihrer Seite Löwy'scher
Trotz, Empfindlichkeit, Gerechtigkeitsgefühl, Unruhe, und alles
das gestützt durch das Bewusstsein Kafka'scher Kraft. Wohl habe
⁵ auch ich sie beeinflusst, aber kaum aus eigenem Antrieb, sondern durch die bloße Tatsache meines Daseins. Übrigens kam sie
doch als Letzte in schon fertige Machtverhältnisse hinein und
konnte sich aus dem vielen bereitliegenden Material ihr Urteil
selbst bilden. Ich kann mir sogar denken, dass sie in ihrem We-
¹⁰ sen eine Zeitlang geschwankt hat, ob sie sich dir an die Brust
werfen soll oder den Gegnern, offenbar hast du damals etwas versäumt und sie zurückgestoßen, ihr wäret aber, wenn es eben
möglich gewesen wäre, ein prachtvolles Paar an Eintracht geworden. Ich hätte dadurch zwar einen Verbündeten verloren, aber der
¹⁵ Anblick von euch beiden hätte mich reich entschädigt, auch wärest ja du durch das unabsehbare Glück, wenigstens in einem
Kind volle Befriedigung zu finden, sehr zu meinen Gunsten verwandelt worden. Das alles ist heute allerdings nur ein Traum. Ottla hat keine Verbindung mit dem Vater, muss ihren Weg allein
²⁰ suchen, wie ich, und um das Mehr an Zuversicht, Selbstvertrau-
en, Gesundheit, Bedenkenlosigkeit, das sie im Vergleich mit mir
hat, ist sie in deinen Augen böser und verräterischer als ich. Ich
verstehe das; von dir aus gesehen kann sie nicht anders sein. Ja,
sie selbst ist imstande, mit deinen Augen sich anzusehen, dein
²⁵ Leid mitzufühlen und darüber – nicht verzweifelt zu sein, Verzweiflung ist meine Sache – aber sehr traurig zu sein. Du siehst
uns zwar, in scheinbarem Widerspruch hiezu, oft beisammen,
wir flüstern, lachen, hie und da hörst du dich erwähnen. Du hast
den Eindruck von frechen Verschwörern. Merkwürdige Ver-
³⁰ schwörer. Du bist allerdings ein Hauptthema unserer Gespräche
wie unseres Denkens seit jeher, aber wahrhaftig nicht, um etwas
gegen dich auszudenken, sitzen wir beisammen, sondern um mit
aller Anstrengung, mit Spaß, mit Ernst, mit Liebe, Trotz, Zorn,
Widerwille, Ergebung, Schuldbewusstsein, mit allen Kräften des
³⁵ Kopfes und Herzens diesen schrecklichen Prozess, der zwischen
uns und dir schwebt, in allen Einzelheiten, von allen Seiten, bei
allen Anlässen, von fern und nah gemeinsam durchzusprechen,

diesen Prozess, in dem du immerfort Richter zu sein behauptest, während du, wenigstens zum größten Teil (hier lasse ich die Tür allen Irrtümern offen, die mir natürlich begegnen können) ebenso schwache und verblendete Partei bist wie wir.

5 Ein im Zusammenhang des Ganzen lehrreiches Beispiel deiner erzieherischen Wirkung war Irma[1]. Einerseits war sie doch eine Fremde, kam schon erwachsen in dein Geschäft, hatte mit dir hauptsächlich als ihrem Chef zu tun, war also nur zum Teil und in einem schon widerstandsfähigen Alter deinem Einfluss ausge-
10 setzt; andererseits aber war sie doch auch eine Blutsverwandte, verehrte in dir den Bruder ihres Vaters, und du hattest über sie viel mehr als die bloße Macht eines Chefs. Und trotzdem ist sie, die in ihrem schwachen Körper so tüchtig, klug, fleißig, bescheiden, vertrauenswürdig, uneigennützig, treu war, die dich als On-
15 kel liebte und als Chef bewunderte, die in anderen Posten vorher und nachher sich bewährte, dir keine sehr gute Beamtin gewesen. Sie war eben, natürlich auch von uns hingedrängt, dir gegenüber nahe der Kinderstellung, und so groß war noch ihr gegenüber die umbiegende Macht deines Wesens, dass sich bei ihr (allerdings
20 nur dir gegenüber und, hoffentlich, ohne das tiefere Leid des Kindes) Vergesslichkeit, Nachlässigkeit, Galgenhumor, vielleicht sogar ein wenig Trotz, soweit sie dessen überhaupt fähig war, entwickelten, wobei ich gar nicht in Rechnung stelle, dass sie kränklich gewesen ist, auch sonst nicht sehr glücklich war und eine trost-
25 lose Häuslichkeit auf ihr lastete. Das für mich Beziehungsreiche deines Verhältnisses zu ihr hast du in einem für uns klassisch gewordenen, fast gotteslästerlichen, aber gerade für die Unschuld in deiner Menschenbehandlung sehr beweisenden Satz zusammengefasst: „Die Gottselige hat mir viel Schweinerei hinterlas-
30 sen."
Ich könnte noch weitere Kreise deines Einflusses und des Kampfes gegen ihn beschreiben, doch käme ich hier schon ins Unsichere und müsste konstruieren, außerdem wirst du ja, je

---

[1] Tochter Ludwig Kafkas, die während des Ersten Weltkriegs im Geschäft ihres Onkels Hermann Kafka arbeitete und innig mit Ottla befreundet war. Irma wurde 1889 geboren und starb bereits 1919.

weiter du von Geschäft und Familie dich entfernst, seit jeher desto freundlicher, nachgiebiger, höflicher, rücksichtsvoller, teilneh-
mender (ich meine: auch äußerlich), ebenso wie ja zum Beispiel
auch ein Selbstherrscher[1], wenn er einmal außerhalb der Gren-
5 zen seines Landes ist, keinen Grund hat, noch immer tyrannisch
zu sein, und sich gutmütig auch mit den niedrigsten Leuten einlassen kann. Tatsächlich standest du zum Beispiel auf den Grup-
penbildern aus Franzensbad immer so groß und fröhlich zwischen den kleinen mürrischen Leuten, wie ein König auf Reisen.
10 Davon hätten allerdings auch die Kinder ihren Vorteil haben können, nur hätten sie schon, was unmöglich war, in der Kinderzeit
fähig sein müssen, das zu erkennen, und ich zum Beispiel hätte
nicht immerfort gewissermaßen im innersten, strengsten, zu-
schnürenden Ring deines Einflusses wohnen dürfen, wie ich es ja
15 wirklich getan habe.
Ich verlor dadurch nicht nur den Familiensinn, wie du sagst, im
Gegenteil, eher hatte ich noch Sinn für die Familie, allerdings
hauptsächlich negativ für die (natürlich nie zu beendigende) innere Ablösung von dir. Die Beziehungen zu den Menschen au-
20 ßerhalb der Familie litten aber durch deinen Einfluss womöglich
noch mehr. Du bist durchaus im Irrtum, wenn du glaubst, für die
anderen Menschen tue ich aus Liebe und Treue alles, für dich und
die Familie aus Kälte und Verrat nichts. Ich wiederhole zum zehn-
ten Mal: Ich wäre wahrscheinlich auch sonst ein menschenscheu-
25 er, ängstlicher Mensch geworden, aber von da ist noch ein langer,
dunkler Weg dorthin, wohin ich wirklich gekommen bin. (Bisher
habe ich in diesem Brief verhältnismäßig weniges absichtlich ver-
schwiegen, jetzt und später werde ich aber einiges verschweigen
müssen, was – vor dir und mir – einzugestehen mir noch zu
30 schwer ist. Ich sage das deshalb, damit du, wenn das Gesamtbild
hie und da etwas undeutlich werden sollte, nicht glaubst, dass
Mangel an Beweisen daran schuld ist, es sind vielmehr Beweise
da, die das Bild unerträglich krass machen könnten. Es ist nicht
leicht, darin eine Mitte zu finden.) Hier genügt es übrigens, an
35 Früheres zu erinnern: Ich hatte vor dir das Selbstvertrauen verlo-

---

[1] Alleinherrscher

ren, dafür ein grenzenloses Schuldbewusstsein eingetauscht. (In Erinnerung an diese Grenzenlosigkeit schrieb ich von jemandem einmal richtig: „Er fürchtet, die Scham werde ihn noch überleben.") Ich konnte mich nicht plötzlich verwandeln, wenn
5 ich mit anderen Menschen zusammenkam, ich kam vielmehr ihnen gegenüber noch in tieferes Schuldbewusstsein, denn ich musste ja, wie ich schon sagte, das an ihnen gutmachen, was du unter meiner Mitverantwortung im Geschäft an ihnen verschuldet hattest. Außerdem hattest du ja gegen jeden, mit dem ich ver-
10 kehrte, offen oder im Geheimen etwas einzuwenden, auch das musste ich ihm abbitten. Das Misstrauen, das du mir in Geschäft und Familie gegen die meisten Menschen beizubringen suchtest (nenne mir einen in der Kinderzeit irgendwie für mich bedeutenden Menschen, den du nicht wenigstens einmal bis in den
15 Grund hinunterkritisiert hättest) und das dich merkwürdigerweise gar nicht besonders beschwerte (du warst eben stark genug, es zu ertragen, außerdem war es in Wirklichkeit vielleicht nur ein Emblem des Herrschers) – dieses Misstrauen, das sich mir Kleinem für die eigenen Augen nirgends bestätigte, da ich überall
20 nur unerreichbar ausgezeichnete Menschen sah, wurde in mir zu Misstrauen zu mir selbst und zur fortwährenden Angst vor allem andern. Dort konnte ich mich also im Allgemeinen vor dir gewiss nicht retten. Dass du dich darüber täuschtest, lag vielleicht daran, dass du ja von meinem Menschenverkehr eigentlich gar nichts
25 erfuhrst und misstrauisch und eifersüchtig (leugne ich denn, dass du mich liebhast?) annahmst, dass ich mich für den Entgang an Familienleben anderswo entschädigen müsse, da es doch unmöglich wäre, dass ich draußen ebenso lebe. Übrigens hatte ich in dieser Hinsicht gerade in meiner Kinderzeit noch einen gewis-
30 sen Trost eben im Misstrauen zu meinem Urteil; ich sagte mir: „Du übertreibst doch, fühlst, wie das die Jugend immer tut, Klei-

---

[1] Anspielung auf den letzten Satz aus Kafkas Romanfragment „Der Proceß", in welchem es um eine den Protagonisten verfolgende geheimnisvolle juristische Instanz geht. Josef K., der seine Schuld nicht kennt, schafft es nicht, das ihm auferlegte Todesurteil selbst zu vollstrecken, und empfindet deshalb tiefe Scham über seine Hinrichtung, die von zwei Henkern vollstreckt wird.

nigkeiten zu sehr als große Ausnahmen." Diesen Trost habe ich
aber später bei steigender Weltübersicht fast verloren.

Ebensowenig Rettung vor dir fand ich im Judentum. Hier wäre ja
an sich Rettung denkbar gewesen, aber noch mehr, es wäre denk-
5 bar gewesen, dass wir uns beide im Judentum gefunden hätten
oder dass wir gar von dort einig ausgegangen wären. Aber was
war das für Judentum, das ich von dir bekam! Ich habe im Laufe
der Jahre etwa auf dreierlei Art mich dazu gestellt.

Als Kind machte ich mir, in Übereinstimmung mit dir, Vorwürfe
10 deshalb, weil ich nicht genügend in den Tempel ging, nicht faste-
te und so weiter. Ich glaubte, nicht mir, sondern dir ein Unrecht
damit zu tun, und Schuldbewusstsein, das ja immer bereit war,
durchlief mich.

Später, als junger Mensch, verstand ich nicht, wie du mit dem
15 Nichts von Judentum, über das du verfügtest, mir Vorwürfe deshalb machen konntest, dass ich (schon aus Pietät, wie du dich
ausdrücktest) nicht ein ähnliches Nichts auszuführen mich an-
strenge. Es war ja wirklich, soweit ich sehen konnte, ein Nichts,
ein Spaß, nicht einmal ein Spaß. Du gingst an vier Tagen im Jahr
20 in den Tempel, warst dort den Gleichgültigen zumindest näher
als jenen, die es ernst nahmen, erledigtest geduldig die Gebete als
Formalität, setztest mich manchmal dadurch in Erstaunen, dass
du mir im Gebetbuch die Stelle zeigen konntest, die gerade rezi-
tiert wurde, im Übrigen durfte ich, wenn ich nur (das war die
25 Hauptsache) im Tempel war, mich herumdrücken, wo ich wollte.
Ich durchgähnte und durchduselte also dort die vielen Stunden
(so gelangweilt habe ich mich später, glaube ich, nur noch in der
Tanzstunde) und suchte mich möglichst an den paar kleinen Ab-
wechslungen zu freuen, die es dort gab, etwa wenn die Bundesla-
30 de[1] aufgemacht wurde, was mich immer an die Schießbuden erinnerte, wo auch, wenn man in ein Schwarzes traf, eine Kastentür
sich aufmachte, nur dass dort aber immer etwas Interessantes
herauskam und hier nur immer wieder die alten Puppen ohne-

---

[1] hölzerner Kasten zur Aufbewahrung der Thora-Rollen, welche für die Juden das Zentralheiligtum darstellen

Köpfe[1]. Übrigens habe ich dort auch viel Furcht gehabt, nicht nur, wie selbstverständlich, vor den vielen Leuten, mit denen man in nähere Berührung kam, sondern auch deshalb, weil du einmal nebenbei erwähntest, dass auch ich zur Thora[2] aufgerufen wer-
5 den könne. Davor zitterte ich jahrelang. Sonst aber wurde ich in meiner Langeweile nicht wesentlich gestört, höchstens durch die Barmizwe[3], die aber nur lächerliches Auswendiglernen verlangte, also nur zu einer lächerlichen Prüfungsleistung führte, und dann, was dich betrifft, durch kleine, wenig bedeutende Vorfälle,
10 etwa wenn du zur Thora gerufen wurdest und dieses für mein Gefühl ausschließlich gesellschaftliche Ereignis gut überstandest oder wenn du bei der Seelengedächtnisfeier[4] im Tempel bliebst und ich weggeschickt wurde, was mir durch lange Zeit, offenbar wegen des Weggeschicktwerdens und mangels jeder tieferen Teil-
15 nahme, das kaum bewusst werdende Gefühl hervorrief, dass es sich hier um etwas Unanständiges handle. – So war es im Tempel, zu Hause war es womöglich noch ärmlicher und beschränkte sich auf den ersten Sederabend[5], der immer mehr zu einer Komödie mit Lachkrämpfen wurde, allerdings unter dem Einfluss der grö-
20 ßer werdenden Kinder. (Warum musstest du dich diesem Einfluss fügen? Weil du ihn hervorgerufen hast.) Das war also das Glaubensmaterial, das mir überliefert wurde, dazu kam höchstens noch die ausgestreckte Hand, die auf „die Söhne des Millionärs Fuchs" hinwies, die an hohen Feiertagen mit ihrem Vater im Tempel wa-
25 ren. Wie man mit diesem Material etwas Besseres tun könnte, als

---

[1] Kafka meint die zum Schutz und zur Verherrlichung mit kostbaren Stoffen umhüllten Thora-Rollen, die aus kindlicher Optik Ähnlichkeit mit einem Puppentorso haben konnten.

[2] zur öffentlichen Verlesung der (hebräischen) Thora

[3] ritualisierte Feier zur Bestätigung der religiösen Mündigkeit eines jüdischen Jungen, bestehend aus einer öffentlichen Thora-Lesung und einer sich anschließenden Disputation im Rahmen der familiären Feierlichkeit

[4] auch Maskir genannt, Bezeichnung des Gebets für das Seelenheil Verstorbener

[5] Bezeichnung für den häuslichen Familiengottesdienst, der an den ersten Abenden des Pessachfestes stattfindet. Der Ablauf ist genau vorgegeben und erinnert an den Auszug der Israeliten aus Ägypten und damit an die Befreiung aus der Sklaverei.

es möglichst schnell loszuwerden, verstand ich nicht; gerade dieses Loswerden schien mir die pietätvollste Handlung zu sein.

Noch später sah ich es aber doch wieder anders an und begriff, warum du glauben durftest, dass ich dich auch in dieser Hinsicht böswillig verrate. Du hattest aus der kleinen gettoartigen Dorfgemeinde[1] wirklich noch etwas Judentum mitgebracht, es war nicht viel und verlor sich noch ein wenig in der Stadt und beim Militär, immerhin reichten noch die Eindrücke und Erinnerungen der Jugend knapp zu einer Art jüdischen Lebens aus, besonders da du ja nicht viel derartige Hilfe brauchtest, sondern von einem sehr kräftigen Stamm warst und für deine Person von religiösen Bedenken, wenn sie nicht mit gesellschaftlichen Bedenken sich sehr mischten, kaum erschüttert werden konntest. Im Grund bestand der dein Leben führende Glaube darin, dass du an die unbedingte Richtigkeit der Meinungen einer bestimmten jüdischen Gesellschaftsklasse glaubtest und eigentlich also, da diese Meinungen zu deinem Wesen gehörten, dir selbst glaubtest. Auch darin lag noch genug Judentum, aber zum Weiter-überliefert-Werden war es gegenüber dem Kind zu wenig, es vertropfte zur Gänze, während du es weitergabst. Zum Teil waren es unüberlieferbare Jugendeindrücke, zum Teil dein gefürchtetes Wesen. Es war auch unmöglich, einem vor lauter Ängstlichkeit überscharf beobachtenden Kind begreiflich zu machen, dass die paar Nichtigkeiten, die du im Namen des Judentums mit einer ihrer Nichtigkeit entsprechenden Gleichgültigkeit ausführtest, einen höheren Sinn haben konnten. Für dich hatten sie Sinn als kleine Andenken aus früheren Zeiten, und deshalb wolltest du sie mir vermitteln, konntest dies aber, da sie ja auch für dich keinen Selbstwert mehr hatten, nur durch Überredung oder Drohung tun; das konnte einerseits nicht gelingen und musste andererseits dich, da du deine schwache Position hier gar nicht erkanntest, sehr zornig gegen mich wegen meiner scheinbaren Verstocktheit machen.

Das Ganze ist ja keine vereinzelte Erscheinung, ähnlich verhielt es sich bei einem großen Teil dieser jüdischen Übergangsgenera-

---

[1] Gemeint ist der Geburtsort des Vaters, Wossek, ein Ort mit ca. 100 Einwohnern und einem geringen jüdischen Bevölkerungsanteil.

tion, welche vom verhältnismäßig noch frommen Land in die Städte auswanderte; das ergab sich von selbst, nur fügte es eben unserem Verhältnis, das ja an Schärfen keinen Mangel hatte, noch eine genug schmerzliche hinzu. Dagegen sollst du zwar
5 auch in diesem Punkt, ebenso wie ich, an deine Schuldlosigkeit glauben, diese Schuldlosigkeit aber durch dein Wesen und durch die Zeitverhältnisse erklären, nicht aber bloß durch die äußeren Umstände, also nicht etwa sagen, du hättest zu viel andere Arbeit und Sorgen gehabt, als dass du dich auch noch mit solchen Din-
10 gen hättest abgeben können. Auf diese Weise pflegst du aus deiner zweifellosen Schuldlosigkeit einen ungerechten Vorwurf gegen andere zu drehen. Das ist dann überall und auch hier sehr leicht zu widerlegen. Es hätte sich doch nicht etwa um irgendeinen Unterricht gehandelt, den du deinen Kindern hättest geben
15 sollen, sondern um ein beispielhaftes Leben; wäre dein Judentum stärker gewesen, wäre auch dein Beispiel zwingender gewesen, das ist ja selbstverständlich und wieder gar kein Vorwurf, sondern nur eine Abwehr deiner Vorwürfe. Du hast letzthin Franklins Jugenderinnerungen[1] gelesen. Ich habe sie dir wirklich absichtlich
20 zum Lesen gegeben, aber nicht, wie du ironisch bemerktest, wegen einer kleinen Stelle über Vegetarianismus[2], sondern wegen des Verhältnisses zwischen dem Verfasser und seinem Vater, wie es dort beschrieben ist, und des Verhältnisses zwischen dem Verfasser und seinem Sohn, wie es sich von selbst in diesen für den
25 Sohn geschriebenen Erinnerungen ausdrückt. Ich will hier nicht Einzelheiten hervorheben.

Eine gewisse nachträgliche Bestätigung dieser Auffassung von deinem Judentum bekam ich auch durch dein Verhalten in den letzten Jahren, als es dir schien, dass ich mich mit jüdischen Din-
30 gen mehr beschäftigte. Da du von vornherein gegen jede meiner Beschäftigungen und besonders gegen die Art meiner Interes-

---

[1] Autobiografie des amerikanischen Politikers Benjamin Franklin (1706–1790)

[2] Kafka schrieb 1912 in einem Brief an seine Verlobte über seine vegetarische Lebensweise: „Monatelang musste mein Vater während meines Nachtessens die Zeitung vors Gesicht halten, ehe er sich daran gewöhnte."

sennahme eine Abneigung hast, so hattest du sie auch hier. Aber
darüber hinaus hätte man doch erwarten können, dass du hier
eine kleine Ausnahme machst. Es war doch Judentum von deinem Judentum, das sich hier regte, und damit also auch die Möglichkeit der Anknüpfung neuer Beziehungen zwischen uns. Ich
leugne nicht, dass mir diese Dinge, wenn du für sie Interesse gezeigt hättest, gerade dadurch hätten verdächtig werden können.
Es fällt mir ja nicht ein, behaupten zu wollen, dass ich in dieser
Hinsicht irgendwie besser bin als du. Aber zu der Probe darauf
kam es gar nicht. Durch meine Vermittlung wurde dir das Judentum abscheulich, jüdische Schriften unlesbar, sie „ekelten dich
an". – Das konnte bedeuten, dass du darauf bestandest, nur gerade das Judentum, wie du es mir in meiner Kinderzeit gezeigt hattest, sei das einzig Richtige, darüber hinaus gebe es nichts. Aber
dass du darauf bestehen solltest, war doch kaum denkbar. Dann
aber konnte der „Ekel" (abgesehen davon, dass er sich zunächst
nicht gegen das Judentum, sondern gegen meine Person richtete)
nur bedeuten, dass du unbewusst die Schwäche deines Judentums und meiner jüdischen Erziehung anerkanntest, auf keine
Weise daran erinnert werden wolltest und auf alle Erinnerungen
mit offenem Hasse antwortetest. Übrigens war deine negative
Hochschätzung meines neuen Judentums sehr übertrieben; erstens trug es ja deinen Fluch in sich, und zweitens war für seine
Entwicklung das grundsätzliche Verhältnis zu den Mitmenschen
entscheidend, in meinem Fall also tödlich.

Richtiger trafst du mit deiner Abneigung mein Schreiben und
was, dir unbekannt, damit zusammenhing. Hier war ich tatsächlich ein Stück selbstständig von dir weggekommen, wenn es auch
ein wenig an den Wurm erinnerte, der, hinten von einem Fuß
niedergetreten, sich mit dem Vorderteil losreißt und zur Seite
schleppt. Einigermaßen in Sicherheit war ich, es gab ein Aufat-
men, die Abneigung, die du natürlich auch gleich gegen mein
Schreiben hattest, war mir hier ausnahmsweise willkommen.
Meine Eitelkeit, mein Ehrgeiz litten zwar unter deiner für uns
berühmt gewordenen Begrüßung meiner Bücher: „Leg's auf den
Nachttisch!" (meistens spieltest du ja Karten, wenn ein Buch
kam), aber im Grunde war mir dabei doch wohl, nicht nur aus

aufbegehrender Bosheit, nicht nur aus Freude über eine neue Bestätigung meiner Auffassung unseres Verhältnisses, sondern ganz ursprünglich, weil jene Formel mir klang wie etwa: „Jetzt bist du frei!" Natürlich war es eine Täuschung, ich war nicht oder
⁵ allergünstigsten Falles noch nicht frei. Mein Schreiben handelte von dir, ich klagte dort ja nur, was ich an deiner Brust nicht klagen konnte. Es war ein absichtlich in die Länge gezogener Abschied von dir, nur dass er zwar von dir erzwungen war, aber in der von mir bestimmten Richtung verlief. Aber wie wenig war das alles!
¹⁰ Es ist ja überhaupt nur deshalb der Rede wert, weil es sich in meinem Leben ereignet hat, anderswo wäre es gar nicht zu merken, und dann noch deshalb, weil es mir in der Kindheit als Ahnung, später als Hoffnung, noch später oft als Verzweiflung mein Leben beherrschte und mir – wenn man will, doch wieder in dei-
¹⁵ ner Gestalt – meine paar kleinen Entscheidungen diktierte.
Zum Beispiel die Berufswahl. Gewiss, du gabst mir hier völlige Freiheit in deiner großzügigen und in diesem Sinn sogar geduldigen Art. Allerdings folgtest du hiebei auch der für dich maßgebenden allgemeinen Söhnebehandlung des jüdischen Mittel-
²⁰ standes[1] oder zumindest den Werturteilen dieses Standes. Schließlich wirkte hiebei auch eines deiner Missverständnisse hinsichtlich meiner Person mit. Du hältst mich nämlich seit jeher aus Vaterstolz, aus Unkenntnis meines eigentlichen Daseins, aus Rückschlüssen aus meiner Schwächlichkeit für besonders flei-
²⁵ ßig. Als Kind habe ich deiner Meinung nach immerfort gelernt und später immerfort geschrieben. Das stimmt nun nicht im Entferntesten. Eher kann man mit viel weniger Übertreibung sagen, dass ich wenig gelernt und nichts erlernt habe; dass etwas in den vielen Jahren bei einem mittleren Gedächtnis, bei nicht aller-
³⁰ schlechtester Auffassungskraft hängengeblieben ist, ist ja nicht sehr merkwürdig, aber jedenfalls ist das Gesamtergebnis an Wissen, und besonders an Fundierung des Wissens, äußerst kläglich

---

[1] Kafka spielt hier auf die Bedingungen für Söhne aus jüdischen Elternhäusern an. Aufgrund der schlechter werdenden wirtschaftlichen Verhältnisse und der grassierenden antisemitischen Propaganda gegen „typisch jüdische Händler" entschieden diese sich zunehmend für akademische Berufe.

im Vergleich zu dem Aufwand an Zeit und Geld inmitten eines
äußerlich sorglosen, ruhigen Lebens, besonders auch im Vergleich zu fast allen Leuten, die ich kenne. Es ist kläglich, aber für
mich verständlich. Ich hatte, seitdem ich denken kann, solche
5 tiefste Sorgen der geistigen Existenzbehauptung, dass mir alles
andere gleichgültig war. Jüdische Gymnasiasten bei uns sind
leicht merkwürdig, man findet da das Unwahrscheinlichste, aber
meine kalte, kaum verhüllte, unzerstörbare, kindlich hilflose, bis
ins Lächerliche gehende, tierisch selbstzufriedene Gleichgültig-
10 keit eines für sich genug, aber kalt fantastischen Kindes habe ich
sonst nirgends wieder gefunden, allerdings war sie hier auch der
einzige Schutz gegen die Nervenzerstörung durch Angst und
Schuldbewusstsein. Mich beschäftigte nur die Sorge um mich,
diese aber in verschiedenster Weise. Etwa als Sorge um meine
15 Gesundheit; es fing leicht an, hier und dort ergab sich eine kleine
Befürchtung wegen der Verdauung, des Haarausfalls, einer Rück-
gratsverkrümmung und so weiter, das steigerte sich in unzähl-
baren Abstufungen, schließlich endete es mit einer wirklichen
Krankheit. Aber da ich keines Dinges sicher war, von jedem Au-
20 genblick eine neue Bestätigung meines Daseins brauchte, nichts
in meinem eigentlichen, unzweifelhaften, alleinigen, nur durch
mich eindeutig bestimmten Besitz war, in Wahrheit ein enterbter
Sohn, wurde mir natürlich auch das Nächste, der eigene Körper
unsicher; ich wuchs lang in die Höhe, wusste damit aber nichts
25 anzufangen, die Last war zu schwer, der Rücken wurde krumm;
ich wagte mich kaum zu bewegen oder gar zu turnen, ich blieb
schwach; staunte alles, worüber ich noch verfügte, als Wunder an,
etwa meine gute Verdauung; das genügte, um sie zu verlieren,
und damit war der Weg zu aller Hypochondrie[1] frei, bis dann un-
30 ter der übermenschlichen Anstrengung des Heiraten-Wollens
(darüber spreche ich noch) das Blut aus der Lunge[2] kam, woran ja

---

[1] psychische Störung, die zu übertriebener Sorge um die eigene Gesundheit und zu Einbildungen von Krankheiten führt, die objektiv nicht vorlie-
gen

[2] Anspielung Kafkas auf den Ausbruch seiner Lungentuberkulose (1917),
die durch einen Blutsturz (d.h. das Aushusten von Blut) begann.

die Wohnung im Schönbornpalais[1] – die ich aber nur deshalb
brauchte, weil ich sie für mein Schreiben zu brauchen glaubte,
sodass auch das auf dieses Blatt gehört – genug Anteil haben
kann. Also das alles stammte nicht von übergroßer Arbeit, wie du
5 dir es immer vorstellst. Es gab Jahre, in denen ich bei voller Gesundheit mehr Zeit auf dem Kanapee verfaulenzt habe als du in
deinem ganzen Leben, alle Krankheiten eingerechnet. Wenn ich
höchstbeschäftigt von dir fortlief, war es meist, um mich in
meinem Zimmer hinzulegen. Meine Gesamtarbeitsleistung so-
10 wohl im Büro (wo allerdings Faulheit nicht sehr auffällt und überdies durch meine Ängstlichkeit in Grenzen gehalten war) als
auch zu Hause ist winzig; hättest du darüber einen Überblick,
würde es dich entsetzen. Wahrscheinlich bin ich in meiner Anla-
ge gar nicht faul, aber es gab für mich nichts zu tun. Dort, wo ich
15 lebte, war ich verworfen, abgeurteilt, niedergekämpft, und an-
derswohin mich zu flüchten strengte mich zwar äußerst an, aber
das war keine Arbeit, denn es handelte sich um Unmögliches, das
für meine Kräfte bis auf kleine Ausnahmen unerreichbar war.
In diesem Zustand bekam ich also die Freiheit der Berufswahl.
20 War ich aber überhaupt noch fähig, eine solche Freiheit eigentlich
zu gebrauchen? Traute ich mir es denn noch zu, einen wirklichen
Beruf erreichen zu können? Meine Selbstbewertung war von dir
viel abhängiger als von irgend etwas sonst, etwa von einem äußeren Erfolg. Der war die Stärkung eines Augenblicks, sonst nichts,
25 aber auf der anderen Seite zog dein Gewicht immer viel stärker
hinunter. Niemals würde ich durch die erste Volksschulklasse
kommen, dachte ich, aber es gelang, ich bekam sogar eine Prä-
mie; aber die Aufnahmeprüfung ins Gymnasium würde ich gewiss nicht bestehn, aber es gelang; aber nun falle ich in der ersten
30 Gymnasialklasse bestimmt durch, nein, ich fiel nicht durch, und
es gelang immer weiter und weiter. Daraus ergab sich aber keine
Zuversicht, im Gegenteil, immer war ich überzeugt – und in deiner abweisenden Miene hatte ich förmlich den Beweis dafür –,

---

[1] kleine, zugige und schlecht zu heizende Wohnung, die Kafka von März
bis August 1917 bewohnte, um dort losgelöst vom Elternhaus schreiben
zu können

dass, je mehr mir gelingt, desto schlimmer es schließlich wird
ausgehn müssen. Oft sah ich im Geist die schreckliche Versamm-
lung der Professoren (das Gymnasium ist nur das einheitlichste
Beispiel, überall um mich war es aber ähnlich), wie sie, wenn ich
5 die Prima überstanden hatte, also in der Sekunda, wenn ich diese
überstanden hatte, also in der Tertia und so weiter zusammen-
kommen würden, um diesen einzigartigen, himmelschreienden
Fall zu untersuchen, wie es mir, dem Unfähigsten und jedenfalls
Unwissendsten, gelungen war, mich bis hinauf in diese Klasse zu
10 schleichen, die mich, da nun die allgemeine Aufmerksamkeit auf
mich gelenkt war, natürlich sofort ausspeien würde, zum Jubel
aller von diesem Alpdruck[1] befreiten Gerechten. – Mit solchen
Vorstellungen zu leben ist für ein Kind nicht leicht. Was kümmerte mich unter diesen Umständen der Unterricht. Wer war
15 imstande, aus mir einen Funken von Anteilnahme herauszu-
schlagen? Mich interessierte der Unterricht – und nicht nur der
Unterricht, sondern alles ringsherum in diesem entscheidenden
Alter – etwa so wie einen Bankdefraudanten[2], der noch in Stellung ist und vor der Entdeckung zittert, das kleine laufende Bank-
20 geschäft interessiert, das er noch immer als Beamter zu erledigen
hat. So klein, so fern war alles neben der Hauptsache. Es ging
dann weiter bis zur Matura[3], durch die ich wirklich schon zum
Teil nur durch Schwindel kam, und dann stockte es, jetzt war ich
frei. Hatte ich schon trotz dem Zwang des Gymnasiums mich nur
25 um mich gekümmert, wie erst jetzt, da ich frei war. Also eigentliche Freiheit der Berufswahl gab es für mich nicht, ich wusste:
Alles wird mir gegenüber der Hauptsache genauso gleichgültig
sein, wie alle Lehrgegenstände im Gymnasium, es handelt sich
also darum, einen Beruf zu finden, der mir, ohne meine Eitelkeit
30 allzusehr zu verletzen, diese Gleichgültigkeit am ehesten erlaubt.
Also war Jus[4] das Selbstverständliche. Kleine gegenteilige Versuche der Eitelkeit, der unsinnigen Hoffnung, wie vierzehntägi-

---

[1]   Alptraum
[2]   Bankbetrüger
[3]   (österr.) Reifeprüfung, entspricht dem Abitur
[4]   (österr.) Jura

ges Chemiestudium, halbjähriges Deutschstudium, verstärkten nur jene Grundüberzeugung. Ich studierte also Jus. Das bedeutete, dass ich mich in den paar Monaten vor den Prüfungen unter reichlicher Mitnahme der Nerven geistig förmlich von Holzmehl
5 nährte, das mir überdies schon von tausenden Mäulern vorgekaut war. Aber in gewissem Sinn schmeckte mir das gerade, wie in gewissem Sinn früher auch das Gymnasium und später der Beamtenberuf, denn das alles entsprach vollkommen meiner Lage. Jedenfalls zeigte ich hier erstaunliche Voraussicht, schon als
10 kleines Kind hatte ich hinsichtlich der Studien und des Berufes genug klare Vorahnungen. Von hier aus erwartete ich keine Rettung, hier hatte ich schon längst verzichtet.

Gar keine Voraussicht zeigte ich aber hinsichtlich der Bedeutung und Möglichkeit einer Ehe für mich; dieser bisher größte Schre-
15 cken meines Lebens ist fast vollständig unerwartet über mich gekommen. Das Kind hatte sich so langsam entwickelt, diese Dinge lagen ihm äußerlich gar zu abseits; hie und da ergab sich die Notwendigkeit, daran zu denken; dass sich hier aber eine dauernde, entscheidende und sogar die erbittertste Prüfung vorberei-
20 tete, war nicht zu erkennen. In Wirklichkeit aber wurden die Heiratsversuche der großartigste und hoffnungsreichste Rettungsversuch, entsprechend großartig war dann allerdings auch das Misslingen.

Ich fürchte, weil mir in dieser Gegend alles misslingt, dass es mir
25 auch nicht gelingen wird, dir diese Heiratsversuche verständlich zu machen. Und doch hängt das Gelingen des ganzen Briefes davon ab, denn in diesen Versuchen war einerseits alles versammelt, was ich an positiven Kräften zur Verfügung hatte, andererseits sammelten sich hier auch geradezu mit Wut alle negativen
30 Kräfte, die ich als Mitergebnis deiner Erziehung beschrieben habe, also die Schwäche, der Mangel an Selbstvertrauen, das Schuldbewusstsein, und zogen förmlich einen Kordon[1] zwischen mir und der Heirat. Die Erklärung wird mir auch deshalb schwer werden, weil ich hier alles in so vielen Tagen und Nächten immer
35 wieder durchdacht und durchgraben habe, dass selbst mich jetzt

---

[1] Sperre, Barrikade

der Anblick schon verwirrt. Erleichtert wird mir die Erklärung nur durch dein meiner Meinung nach vollständiges Missverstehn der Sache; ein so vollständiges Missverstehn ein wenig zu verbessern, scheint nicht übermäßig schwer.

5 Zunächst stellst du das Misslingen der Heiraten in die Reihe meiner Misserfolge; dagegen hätte ich an sich nichts, vorausgesetzt, dass du meine bisherige Erklärung des Misserfolgs annimmst. Es steht tatsächlich in dieser Reihe, nur die Bedeutung der Sache unterschätzt du und unterschätzt sie derartig, dass wir, wenn wir 10 miteinander davon reden, eigentlich von ganz Verschiedenem sprechen. Ich wage zu sagen, dass dir in deinem ganzen Leben nichts geschehen ist, was für dich eine solche Bedeutung gehabt hätte wie für mich die Heiratsversuche. Damit meine ich nicht, dass du an sich nichts so Bedeutendes erlebt hättest, im Gegen-15 teil, dein Leben war viel reicher und sorgenvoller und gedrängter als meines, aber eben deshalb ist dir nichts Derartiges geschehen. Es ist so, wie wenn einer fünf niedrige Treppenstufen hinaufzusteigen hat und ein zweiter nur eine Treppenstufe, die aber, wenigstens für ihn, so hoch ist wie jene fünf zusammen; der Erste 20 wird nicht nur die fünf bewältigen, sondern noch hunderte und tausende weitere, er wird ein großes und sehr anstrengendes Leben geführt haben, aber keine der Stufen, die er erstiegen hat, wird für ihn eine solche Bedeutung gehabt haben, wie für den zweiten jene eine, erste, hohe, für alle seine Kräfte unmöglich zu 25 ersteigende Stufe, zu der er nicht hinauf- und über die er natürlich auch nicht hinauskommt.

Heiraten, eine Familie gründen, alle Kinder, welche kommen, hinnehmen, in dieser unsicheren Welt erhalten und gar noch ein wenig führen, ist meiner Überzeugung nach das Äußerste, 30 das einem Menschen überhaupt gelingen kann. Dass es scheinbar so vielen leicht gelingt, ist kein Gegenbeweis, denn erstens gelingt es tatsächlich nicht vielen, und zweitens „tun" es diese Nichtvielen meistens nicht, sondern es „geschieht" bloß mit ihnen; das ist zwar nicht jenes Äußerste, aber doch noch sehr groß 35 und sehr ehrenvoll (besonders da sich „tun" und „geschehn" nicht rein voneinander scheiden lassen). Und schließlich handelt es sich auch gar nicht um dieses Äußerste, sondern nur um irgendeine ferne, aber anständige Annäherung; es ist doch nicht notwendig, mitten in die Sonne hineinzufliegen, aber doch bis zu einem reinen Plätzchen auf der Erde hinzukriechen, wo manchmal die Sonne hinscheint und man sich ein wenig wär5 men kann.

Wie war ich nun auf dieses vorbereitet? Möglichst schlecht. Das geht schon aus dem Bisherigen hervor. Soweit es aber dafür eine direkte Vorbereitung des Einzelnen und eine direkte Schaffung der allgemeinen Grundbedingungen gibt, hast du äußerlich nicht 10 viel eingegriffen. Es ist auch nicht anders möglich, hier entscheiden die allgemeinen geschlechtlichen Standes-, Volks- und Zeitsitten. Immerhin hast du auch da eingegriffen, nicht viel, denn die Voraussetzung solchen Eingreifens kann nur starkes gegenseitiges Vertrauen sein, und daran fehlte es uns beiden schon 15 längst zur entscheidenden Zeit, und nicht sehr glücklich, weil ja unsere Bedürfnisse ganz verschieden waren; was mich packt, muss dich noch kaum berühren und umgekehrt, was bei dir Unschuld ist, kann bei mir Schuld sein und umgekehrt, was bei dir folgenlos bleibt, kann mein Sargdeckel sein.

20 Ich erinnere mich, ich ging einmal abends mit dir und der Mutter spazieren, es war auf dem Josephsplatz in der Nähe der heutigen Länderbank, und fing dumm, großtuerisch, überlegen, stolz, kühl (das war unwahr), kalt (das war echt) und stotternd, wie ich eben meistens mit dir sprach, von den interessanten Sachen zu 25 reden an, machte euch Vorwürfe, dass ich unbelehrt gelassen worden bin, dass sich erst die Mitschüler meiner hatten annehmen müssen, dass ich in der Nähe großer Gefahren gewesen bin (hier log ich meiner Art nach unverschämt, um mich mutig zu zeigen, denn infolge meiner Ängstlichkeit hatte ich keine ge30 nauere Vorstellung von den „großen Gefahren"), deutete aber zum Schluss an, dass ich jetzt schon glücklicherweise alles wisse, keinen Rat mehr brauche und alles in Ordnung sei. Hauptsächlich hatte ich davon jedenfalls zu reden angefangen, weil es mir Lust machte, davon wenigstens zu reden, dann auch aus Neugier35 de und schließlich auch, um mich irgendwie für irgendetwas an euch zu rächen. Du nahmst es entsprechend deinem Wesen sehr einfach, du sagtest nur etwa, du könntest mir einen Rat geben,

wie ich ohne Gefahr diese Dinge[1] werde betreiben können. Vielleicht hatte ich gerade eine solche Antwort hervorlocken wollen, die entsprach ja der Lüsternheit des mit Fleisch und allen guten Dingen überfütterten, körperlich untätigen, mit sich ewig beschäftigten Kindes, aber doch war meine äußerliche Scham dadurch so verletzt, oder ich glaubte, sie müsse so verletzt sein, dass ich gegen meinen Willen nicht mehr mit dir darüber sprechen konnte und hochmütig frech das Gespräch abbrach.

Es ist nicht leicht, deine damalige Antwort zu beurteilen, einerseits hat sie doch etwas niederwerfend Offenes, gewissermaßen Urzeitliches, andererseits ist sie allerdings, was die Lehre selbst betrifft, sehr neuzeitlich bedenkenlos. Ich weiß nicht, wie alt ich damals war, viel älter als sechzehn Jahre gewiss nicht. Für einen solchen Jungen war es aber doch eine sehr merkwürdige Antwort, und der Abstand zwischen uns beiden zeigt sich auch darin, dass das eigentlich die erste direkte, lebensumfassende Lehre war, die ich von dir bekam. Ihr eigentlicher Sinn aber, der sich schon damals in mich einsenkte, mir aber erst viel später halb zu Bewusstsein kam, war folgender: Das, wozu du mir rietest, war doch das deiner Meinung nach und gar erst meiner damaligen Meinung nach Schmutzigste, was es gab. Dass du dafür sorgen wolltest, dass ich körperlich von dem Schmutz nichts nach Hause bringe, war nebensächlich, dadurch schütztest du ja nur dich, dein Haus. Die Hauptsache war vielmehr, dass du außerhalb deines Rates bliebst, ein Ehemann, ein reiner Mann, erhaben über diese Dinge; das verschärfte sich damals für mich wahrscheinlich noch dadurch, dass mir auch die Ehe schamlos vorkam und es mir daher unmöglich war, das, was ich Allgemeines über die Ehe gehört hatte, auf meine Eltern anzuwenden. Dadurch wurdest du noch reiner, kamst noch höher. Der Gedanke, dass du etwa vor der Ehe auch dir einen ähnlichen Rat hättest geben können, war mir völlig undenkbar. So war also fast kein Restchen irdischen Schmutzes an dir. Und eben du stießest mich, so als wäre ich dazu bestimmt, mit ein paar offenen

---

[1] Kafkas Vater schlägt seinem Sohn hiermit vor, ein Bordell zu besuchen, was dieser in der Folge, spätestens seit seinem Eintritt ins Berufsleben, zeitweilig auch tat.

Worten in diesen Schmutz hinunter. Bestand die Welt also nur aus mir und dir, eine Vorstellung, die mir sehr nahelag, dann endete also mit dir diese Reinheit der Welt, und mit mir begann kraft deines Rates der Schmutz. An sich war es ja unverständlich, dass du
5 mich so verurteiltest, nur alte Schuld und tiefste Verachtung deinerseits konnten mir das erklären. Und damit war ich also wieder in meinem innersten Wesen angefasst, und zwar sehr hart.

Hier wird vielleicht auch unser beider Schuldlosigkeit am deutlichsten. A gibt B einen offenen, seiner Lebensauffassung ent-
10 sprechenden, nicht sehr schönen, aber doch auch heute in der Stadt durchaus üblichen, Gesundheitsschädigungen vielleicht verhindernden Rat. Dieser Rat ist für B moralisch nicht sehr stärkend, aber warum sollte er sich aus dem Schaden nicht im Laufe der Jahre herausarbeiten können, übrigens muss er ja dem Rat
15 gar nicht folgen, und jedenfalls liegt in dem Rat allein kein Anlass dafür, dass über B etwa seine ganze Zukunftswelt zusammenbricht. Und doch geschieht etwas in dieser Art, aber eben nur deshalb, weil A du bist und B ich bin.

Diese beiderseitige Schuldlosigkeit kann ich auch deshalb beson-
20 ders gut überblicken, weil sich ein ähnlicher Zusammenstoß zwischen uns unter ganz anderen Verhältnissen etwa zwanzig Jahre später wieder ereignet hat, als Tatsache grauenhaft, an und für sich allerdings viel unschädlicher, denn wo war da etwas an mir Sechsunddreißigjährigem, dem noch geschadet werden konnte.
25 Ich meine damit eine kleine Aussprache an einem der paar aufgeregten Tage nach Mitteilung meiner letzten Heiratsabsicht. Du sagtest zu mir etwa: „Sie hat wahrscheinlich irgendeine ausgesuchte Bluse angezogen, wie das die Prager Jüdinnen verstehn, und daraufhin hast du dich natürlich entschlossen, sie zu heira-
30 ten. Und zwar möglichst rasch, in einer Woche, morgen, heute. Ich begreife dich nicht, du bist doch ein erwachsener Mensch, bist in der Stadt, und weißt dir keinen anderen Rat, als gleich eine Beliebige zu heiraten. Gibt es da keine anderen Möglichkeiten? Wenn du dich davor fürchtest, werde ich selbst mit dir hingehn."
35 Du sprachst ausführlicher und deutlicher, aber ich kann mich an die Einzelheiten nicht mehr erinnern, vielleicht wurde mir auch ein wenig nebelhaft vor den Augen, fast interessierte mich mehr

die Mutter, wie sie, zwar vollständig mit dir einverstanden, immerhin etwas vom Tisch nahm und damit aus dem Zimmer ging. Tiefer gedemütigt hast du mich mit Worten wohl kaum und deutlicher mir deine Verachtung nie gezeigt. Als du vor zwanzig Jahren ähnlich zu mir gesprochen hattest, hätte man darin mit deinen Augen sogar etwas Respekt für den frühreifen Stadtjungen sehen können, der deiner Meinung nach schon so ohne Umwege ins Leben eingeführt werden konnte. Heute könnte diese Rücksicht die Verachtung nur noch steigern, denn der Junge, der damals einen Anlauf nahm, ist in ihm steckengeblieben und scheint dir heute um keine Erfahrung reicher, sondern nur um zwanzig Jahre jämmerlicher. Meine Entscheidung für ein Mädchen bedeutete dir gar nichts. Du hattest meine Entscheidungskraft (unbewusst) immer niedergehalten und glaubtest jetzt (unbewusst) zu wissen, was sie wert war. Von meinen Rettungsversuchen in anderen Richtungen wusstest du nichts, daher konntest du auch von den Gedankengängen, die mich zu diesem Heiratsversuch geführt hatten, nicht wissen, musstest sie zu erraten suchen und rietst entsprechend dem Gesamturteil, das du über mich hattest, auf das Abscheulichste, Plumpste, Lächerlichste. Und zögertest keinen Augenblick, mir das auf ebensolche Weise zu sagen. Die Schande, die du mir antatest, war dir nichts im Vergleich zu der Schande, die ich deiner Meinung nach deinem Namen durch die Heirat machen würde.

Nun kannst du ja hinsichtlich meiner Heiratsversuche manches mir antworten und hast es auch getan: Du könntest nicht viel Respekt vor meiner Entscheidung haben, wenn ich die Verlobung mit F.[1] Zwei Mal aufgelöst und zwei Mal wieder aufgenommen habe, wenn ich dich und die Mutter nutzlos zu der Verlobung nach Berlin geschleppt habe und dergleichen. Das alles ist wahr, aber wie kam es dazu?

Der Grundgedanke beider Heiratsversuche war ganz korrekt: einen Hausstand gründen, selbstständig werden. Ein Gedanke, der dir ja sympathisch ist, nur dass es dann in Wirklichkeit so ausfällt

---

[1] Gemeint ist Felice Bauer, mit der sich Kafka zwei Mal ver- und wieder entlobte, worüber er in eine tiefe Krise geriet.

wie das Kinderspiel, wo einer die Hand des anderen hält und sogar presst und dabei ruft: „Ach geh doch, geh doch, warum gehst
du nicht?" Was sich allerdings in unserem Fall dadurch kompliziert hat, dass du das „geh doch!" seit jeher ehrlich gemeint hast,
da du ebenso seit jeher, ohne es zu wissen, nur kraft deines Wesens mich gehalten oder richtiger niedergehalten hast.

Beide Mädchen waren zwar durch den Zufall, aber außerordentlich gut gewählt. Wieder ein Zeichen deines vollständigen Miss-
verstehens, dass du glauben kannst, ich, der Ängstliche, Zö-
gernde, Verdächtigende entschließe mich mit einem Ruck für eine Heirat, etwa aus Entzücken über eine Bluse. Beide Ehen wären
vielmehr Vernunftehen geworden, soweit damit gesagt ist, dass
Tag und Nacht, das erste Mal Jahre, das zweite Mal Monate, alle
meine Denkkraft an den Plan gewendet worden ist.

Keines der Mädchen hat mich enttäuscht, nur ich sie beide. Mein
Urteil über sie ist heute genau das gleiche wie damals, als ich sie
heiraten wollte.

Es ist auch nicht so, dass ich beim zweiten Heiratsversuch die
Erfahrungen des ersten Versuches missachtet hätte, also leicht-
sinnig gewesen wäre. Die Fälle waren eben ganz verschieden, gerade die früheren Erfahrungen konnten mir im zweiten Fall, der
überhaupt viel aussichtsreicher war, Hoffnung geben. Von Einzelheiten will ich hier nicht reden.

Warum also habe ich nicht geheiratet? Es gab einzelne Hindernisse wie überall, aber im Nehmen solcher Hindernisse besteht ja
das Leben. Das wesentliche, vom einzelnen Fall leider unabhängige Hindernis war aber, dass ich offenbar geistig unfähig bin zu
heiraten. Das äußert sich darin, dass ich von dem Augenblick an,
in dem ich mich entschließe zu heiraten, nicht mehr schlafen
kann, der Kopf glüht bei Tag und Nacht, es ist kein Leben mehr,
ich schwanke verzweifelt herum. Es sind das nicht eigentlich Sorgen, die das verursachen, zwar laufen auch entsprechend meiner
Schwerblütigkeit und Pedanterie unzählige Sorgen mit, aber sie
sind nicht das Entscheidende, sie vollenden zwar wie Würmer die
Arbeit am Leichnam, aber entscheidend getroffen bin ich von anderem. Es ist der allgemeine Druck der Angst, der Schwäche, der
Selbstmissachtung.

Ich will es näher zu erklären versuchen: Hier beim Heiratsversuch trifft in meinen Beziehungen zu dir zweierlei scheinbar Entgegengesetztes so stark wie nirgends sonst zusammen. Die Heirat ist gewiss die Bürgschaft für die schärfste Selbstbefreiung und Unab-
5 hängigkeit. Ich hätte eine Familie, das Höchste, was man meiner Meinung nach erreichen kann, also auch das Höchste, das du erreicht hast, ich wäre dir ebenbürtig, alle alte und ewig neue Schande und Tyrannei wäre bloß noch Geschichte. Das wäre allerdings märchenhaft, aber darin liegt eben schon das Fragwürdige. Es ist
10 zu viel, so viel kann nicht erreicht werden. Es ist so, wie wenn einer gefangen wäre und er hätte nicht nur die Absicht zu fliehen, was vielleicht erreichbar wäre, sondern auch noch, und zwar gleichzeitig die Absicht, das Gefängnis in ein Lustschloss für sich umzubauen. Wenn er aber flieht, kann er nicht umbauen, und wenn er um-
15 baut, kann er nicht fliehen. Wenn ich in dem besonderen Unglücksverhältnis, in welchem ich zu dir stehe, selbstständig werden will, muss ich etwas tun, was möglichst gar keine Beziehung zu dir hat; das Heiraten ist zwar das Größte und gibt die ehrenvollste Selbstständigkeit, aber es ist auch gleichzeitig in engster Bezie-
20 hung zu dir. Hier hinauskommen zu wollen, hat deshalb etwas von Wahnsinn, und jeder Versuch wird fast damit gestraft.
Gerade diese enge Beziehung lockt mich ja teilweise auch zum Heiraten. Ich denke mir diese Ebenbürtigkeit, die dann zwischen uns entstehen würde und die du verstehen könntest wie keine
25 andere, eben deshalb so schön, weil ich dann ein freier, dankbarer, schuldloser, aufrechter Sohn sein, du ein unbedrückter, untyrannischer, mitfühlender, zufriedener Vater sein könntest. Aber zu diesem Zweck müsste eben alles Geschehene ungeschehen gemacht, das heißt wir selbst ausgestrichen werden. So wie wir
30 aber sind, ist mir das Heiraten dadurch verschlossen, dass es gerade dein eigenes Gebiet ist. Manchmal stelle ich mir die Erdkarte ausgespannt und dich quer über sie hin ausgestreckt vor. Und es ist mir dann, als kämen für mein Leben nur die Gegenden in Betracht, die du entweder nicht bedeckst oder die nicht in dei-
35 ner Reichweite liegen. Und das sind entsprechend der Vorstellung, die ich von deiner Größe habe, nicht viele und nicht sehr trostreiche Gegenden, und besonders die Ehe ist nicht darunter.

Schon dieser Vergleich beweist, dass ich keineswegs sagen will, du hättest mich durch dein Beispiel aus der Ehe, so etwa wie aus dem Geschäft, verjagt. Im Gegenteil, trotz aller fernen Ähnlichkeit. Ich hatte in euerer Ehe eine in vielem mustergültige Ehe vor
5 mir, mustergültig in Treue, gegenseitiger Hilfe, Kinderzahl, und selbst als dann die Kinder groß wurden und immer mehr den Frieden störten, blieb die Ehe als solche davon unberührt. Gerade an diesem Beispiel bildete sich vielleicht auch mein hoher Begriff von der Ehe; dass das Verlangen nach der Ehe ohnmächtig war,
10 hatte eben andere Gründe. Sie lagen in deinem Verhältnis zu den Kindern, von dem ja der ganze Brief handelt.
Es gibt eine Meinung, nach der die Angst vor der Ehe manchmal davon herrührt, dass man fürchtet, die Kinder würden einem später das heimzahlen, was man selbst an den eigenen Eltern gesün-
15 digt hat. Das hat, glaube ich, in meinem Fall keine sehr große Bedeutung, denn mein Schuldbewusstsein stammt ja eigentlich von dir und ist auch zu sehr von seiner Einzigartigkeit durchdrungen, ja dieses Gefühl der Einzigartigkeit gehört zu seinem quälenden Wesen, eine Wiederholung ist unausdenkbar. Immer-
20 hin muss ich sagen, dass mir ein solcher stummer, dumpfer, trockener, verfallener Sohn unerträglich wäre, ich würde wohl, wenn keine andere Möglichkeit wäre, vor ihm fliehen, auswandern, wie du es erst wegen meiner Heirat machen wolltest. Also mitbeeinflusst mag ich bei meiner Heiratsunfähigkeit auch davon sein.
25 Viel wichtiger aber ist dabei die Angst um mich. Das ist so zu verstehn: Ich habe schon angedeutet, dass ich im Schreiben und in dem, was damit zusammenhängt, kleine Selbstständigkeitsversuche, Fluchtversuche mit allerkleinstem Erfolg gemacht, sie werden kaum weiterführen, vieles bestätigt mir das. Trotzdem ist
30 es meine Pflicht oder vielmehr es besteht mein Leben darin, über ihnen zu wachen, keine Gefahr, die ich abwehren kann, ja keine Möglichkeit einer solchen Gefahr an sie herankommen zu lassen. Die Ehe ist die Möglichkeit einer solchen Gefahr, allerdings auch die Möglichkeit der größten Förderung, mir aber genügt, dass es
35 die Möglichkeit einer Gefahr ist. Was würde ich dann anfangen, wenn es doch eine Gefahr wäre! Wie könnte ich in der Ehe weiterleben in dem vielleicht unbeweisbaren, aber jedenfalls unwider-

leglichen Gefühl dieser Gefahr! Demgegenüber kann ich zwar schwanken, aber der schließliche Ausgang ist gewiss, ich muss verzichten. Der Vergleich von dem Sperling in der Hand und der Taube auf dem Dach passt hier nur sehr entfernt. In der Hand habe ich nichts, auf dem Dach ist alles, und doch muss ich – so entscheiden es die Kampfverhältnisse und die Lebensnot – das Nichts wählen. Ähnlich habe ich ja auch bei der Berufswahl wählen müssen.

Das wichtigste Ehehindernis aber ist die schon unausrottbare Überzeugung, dass zur Familienerhaltung oder gar zu ihrer Führung alles das notwendig gehört, was ich an dir erkannt habe, und zwar alles zusammen, Gutes und Schlechtes, so wie es organisch in dir vereinigt ist, also Stärke und Verhöhnung des anderen, Gesundheit und eine gewisse Maßlosigkeit, Redebegabung und Unzulänglichkeit, Selbstvertrauen und Unzufriedenheit mit jedem anderen, Weltüberlegenheit und Tyrannei, Menschenkenntnis und Misstrauen gegenüber den meisten, dann auch Vorzüge ohne jeden Nachteil wie Fleiß, Ausdauer, Geistesgegenwart, Unerschrockenheit. Von alledem hatte ich vergleichsweise fast nichts oder nur sehr wenig, und damit wollte ich zu heiraten wagen, während ich doch sah, dass selbst du in der Ehe schwer zu kämpfen hattest und gegenüber den Kindern sogar versagtest? Diese Frage stellte ich mir natürlich nicht ausdrücklich und beantwortete sie nicht ausdrücklich, sonst hätte sich ja das gewöhnliche Denken der Sache bemächtigt und mir andere Männer gezeigt, welche anders sind als du (um in der Nähe einen von dir sehr verschiedenen zu nennen: Onkel Richard) und doch geheiratet haben und wenigstens darunter nicht zusammengebrochen sind, was schon sehr viel ist und mir reichlich genügt hätte. Aber diese Frage stellte ich eben nicht, sondern erlebte sie von Kindheit an. Ich prüfte mich ja nicht erst gegenüber der Ehe, sondern gegenüber jeder Kleinigkeit; gegenüber jeder Kleinigkeit überzeugtest du mich durch dein Beispiel und durch deine Erziehung, so wie ich es zu beschreiben versucht habe, von meiner Unfähigkeit, und was bei jeder Kleinigkeit stimmte und dir Recht gab, musste natürlich ungeheuerlich stimmen vor dem Größten, also vor der Ehe. Bis zu den Heiratsversuchen bin ich aufgewachsen etwa wie ein Geschäftsmann, der zwar mit Sorgen und schlimmen Ahnungen, aber ohne genaue Buchführung in den Tag hineinlebt. Er hat ein paar kleine Gewinne, die er infolge ihrer Seltenheit in seiner Vorstellung immerfort hätschelt und übertreibt, und sonst nur tägliche Verluste. Alles wird eingetragen, aber niemals bilanziert. Jetzt kommt der Zwang zur Bilanz, das heißt der Heiratsversuch. Und es ist bei den großen Summen, mit denen hier zu rechnen ist, so, als ob niemals auch nur der kleinste Gewinn gewesen wäre, alles eine einzige große Schuld. Und jetzt heirate, ohne wahnsinnig zu werden!

So endet mein bisheriges Leben mit dir, und solche Aussichten trägt es in sich für die Zukunft.

Du könntest, wenn du meine Begründung der Furcht, die ich vor dir habe, überblickst, antworten: „Du behauptest, ich mache es mir leicht, wenn ich mein Verhältnis zu dir einfach durch dein Verschulden erkläre, aber ich glaube, dass du trotz äußerlicher Anstrengung es dir zumindest nicht schwerer, aber viel einträglicher machst. Zuerst lehnst auch du jede Schuld und Verantwortung von dir ab, darin ist also unser Verfahren das gleiche. Während ich aber dann so offen, wie ich es auch meine, die alleinige Schuld dir zuschreibe, willst du gleichzeitig ‚übergescheit‘ und ‚überzärtlich‘ sein und auch mich von jeder Schuld freisprechen. Natürlich gelingt dir das Letztere nur scheinbar (mehr willst du ja auch nicht) und es ergibt sich zwischen den Zeilen trotz aller ‚Redensarten‘ von Wesen und Natur und Gegensatz und Hilflosigkeit, dass eigentlich ich der Angreifer gewesen bin, während alles, was du getrieben hast, nur Selbstwehr war. Jetzt hättest du also schon durch deine Unaufrichtigkeit genug erreicht, denn du hast dreierlei bewiesen, erstens, dass du unschuldig bist, zweitens, dass ich schuldig bin, und drittens, dass du aus lauter Großartigkeit bereit bist, nicht nur mir zu verzeihn, sondern, was mehr oder weniger ist, auch noch zu beweisen und es selbst glauben zu wollen, dass ich, allerdings entgegen der Wahrheit, auch unschuldig bin. Das könnte dir jetzt schon genügen, aber es genügt dir noch nicht. Du hast es dir nämlich in den Kopf gesetzt, ganz und gar von mir leben zu wollen. Ich gebe zu, dass wir miteinander kämpfen, aber es gibt zweierlei Kampf. Den ritterlichen Kampf, wo sich die Kräfte selbstständiger Gegner messen, jeder bleibt für sich, verliert für sich, siegt für sich. Und den Kampf des Ungeziefers[1], welches nicht nur sticht, sondern gleich auch zu seiner Lebenserhaltung das Blut saugt. Das ist ja der eigentliche Berufssoldat, und das bist du. Lebensuntüchtig bist du; um es dir darin bequem, sorgenlos und ohne Selbstvorwürfe einrichten zu können, beweist du, dass ich alle deine Lebenstüchtigkeit dir genommen und in meine Tasche gesteckt habe. Was kümmert es dich jetzt, wenn du lebensuntüchtig bist, ich habe ja die Verantwortung, du aber streckst dich ruhig aus und lässt dich, körperlich und geistig, von mir durchs Leben schleifen. Ein Beispiel: Als du letztlich heiraten wolltest, wolltest du, das gibst du ja in diesem Brief zu, gleichzeitig nicht heiraten, wolltest aber, um dich nicht anstrengen zu müssen, dass ich dir zum Nichtheiraten verhelfe, indem ich wegen der ‚Schande', die die Verbindung meinem Namen machen würde, dir diese Heirat verbiete. Das fiel mir nun aber gar nicht ein. Erstens wollte ich dir hier wie auch sonst nie ‚in deinem Glück hinderlich sein' und zweitens will ich niemals einen derartigen Vorwurf von meinem Kind zu hören bekommen. Hat mir aber die Selbstüberwindung, mit der ich dir die Heirat freistellte, etwas geholfen? Nicht das Geringste. Meine Abneigung gegen die Heirat hätte sie nicht verhindert, im Gegenteil, es wäre an sich noch ein Anreiz mehr für dich gewesen, das Mädchen zu heiraten, denn der ‚Fluchtversuch', wie du dich ausdrückst, wäre ja dadurch vollkommen geworden. Und meine Erlaubnis zur Heirat hat deine Vorwürfe nicht verhindert, denn du beweist ja, dass ich auf jeden Fall an deinem Nichtheiraten schuld bin. Im Grunde aber hast du hier und in allem anderen für mich nichts anderes bewiesen, als dass alle meine Vorwürfe berechtigt waren und dass unter ihnen noch ein besonders berechtigter Vorwurf gefehlt hat, nämlich der Vorwurf der Unaufrichtigkeit, der

---

[1] Kafkas Interesse an der in dieser Metapher zum Ausdruck kommenden familiären Konstellation zeigt sich daran, dass er in Heinrich von Kleists Briefen eine bestimmte Passage unterstrich. In dieser berichtet der Dichter, wie er von seiner Familie „als ein ganz nichtsnutziges Mitglied der menschlichen Gesellschaft" empfangen und behandelt wurde.

Liebedienerei, des Schmarotzertums. Wenn ich nicht sehr irre, schmarotzest du an mir noch mit diesem Brief als solchem."

Darauf antworte ich, dass zunächst dieser ganze Einwurf, der sich zum Teil auch gegen dich kehren lässt, nicht von dir stammt, sondern eben von mir. So groß ist ja nicht einmal dein Misstrauen gegen andere wie mein Selbstmisstrauen, zu dem du mich erzogen hast. Eine gewisse Berechtigung des Einwurfes, der ja auch noch an sich zur Charakterisierung unseres Verhältnisses Neues beiträgt, leugne ich nicht. So können natürlich die Dinge in Wirklichkeit nicht aneinanderpassen, wie die Beweise in meinem Brief, das Leben ist mehr als ein Geduldspiel; aber mit der Korrektur, die sich durch diesen Einwurf ergibt, einer Korrektur, die ich im Einzelnen weder ausführen kann noch will, ist meiner Meinung nach doch etwas der Wahrheit so sehr Angenähertes erreicht, dass es uns beide ein wenig beruhigen und Leben und Sterben leichter machen kann.

Franz

Weitere Werke

Das Urteil

Eine Geschichte von Franz Kafka.
Für Fräulein Felice B.[1]

Es war an einem Sonntagvormittag[2] im schönsten Frühjahr. Georg Bendemann[3], ein junger Kaufmann, saß in seinem Privatzimmer im ersten Stock eines der niedrigen, leicht gebauten Häuser, die entlang des Flusses in einer langen Reihe, fast nur in der Höhe und Färbung unterschieden, sich hinzogen. Er hatte gerade einen Brief an einen sich im Ausland befindenden Jugendfreund beendet, verschloss ihn in spielerischer Langsamkeit und sah dann, den Ellbogen auf den Schreibtisch gestützt, aus dem Fenster auf den Fluss, die Brücke und die Anhöhen am anderen Ufer mit ihrem schwachen Grün.

Er dachte darüber nach, wie dieser Freund, mit seinem Fortkommen zu Hause unzufrieden, vor Jahren schon nach Russland sich förmlich geflüchtet hatte. Nun betrieb er ein Geschäft in Petersburg, das anfangs sich sehr gut angelassen hatte, seit langem aber schon zu stocken schien, wie der Freund bei seinen immer seltener werdenden Besuchen klagte. So arbeitete er sich in der Fremde nutzlos ab, der fremdartige Vollbart verdeckte nur schlecht das seit den Kinderjahren wohlbekannte Gesicht, dessen gelbe Hautfarbe auf eine sich entwickelnde Krankheit hinzu-

---

[1] Widmung für Felice Bauer, die er im Hause seines Freundes Max Brod kennengelernt und mit der er anschließend eine intensive briefliche Korrespondenz begann. Später wurde sie seine Verlobte.

[2] Kafka schrieb die Erzählung „Das Urteil", die er selbst als seinen literarischen Durchbruch ansah, in nur einer Nacht vom 22. auf den 23. September 1912. Der 22. September war ein Sonntag.

[3] Kafka schrieb an Felice: „Und nun sieh, Georg hat so viel Buchstaben wie Franz, ‚Bendemann' besteht aus Bende und Mann, Bende hat so viel Buchstaben wie Kafka und auch die zwei Vokale stehn an gleicher Stelle, ‚Mann' soll wohl aus Mitleid diesen armen ‚Bende' für seine Kämpfe stärken."

deuten schien. Wie er erzählte, hatte er keine rechte Verbindung mit der dortigen Kolonie seiner Landsleute, aber auch fast keinen gesellschaftlichen Verkehr mit einheimischen Familien und richtete sich so für ein endgültiges Junggesellentum ein.

5 Was sollte man einem solchen Manne schreiben, der sich offenbar verrannt hatte, den man bedauern, dem man aber nicht helfen konnte. Sollte man ihm vielleicht raten, wieder nach Hause zu kommen, seine Existenz hierher zu verlegen, alle die alten freundschaftlichen Beziehungen wieder aufzunehmen – wofür ja
10 kein Hindernis bestand – und im Übrigen auf die Hilfe der Freunde zu vertrauen? Das bedeutete aber nichts anderes, als dass man ihm gleichzeitig, je schonender, desto kränkender, sagte, dass seine bisherigen Versuche misslungen seien, dass er endlich von ihnen ablassen solle, dass er zurückkehren und sich
15 als ein für immer Zurückgekehrter von allen mit großen Augen anstaunen lassen müsse, dass nur seine Freunde etwas verstünden und dass er ein altes Kind sei, das den erfolgreichen, zu Hause gebliebenen Freunden einfach zu folgen habe. Und war es dann noch sicher, dass alle die Plage, die man ihm antun müsste,
20 einen Zweck hätte? Vielleicht gelang es nicht einmal, ihn überhaupt nach Hause zu bringen – er sagte ja selbst, dass er die Verhältnisse in der Heimat nicht mehr verstünde – und so bliebe er dann trotz allem in seiner Fremde, verbittert durch die Ratschläge und den Freunden noch ein Stück mehr entfremdet. Folgte er
25 aber wirklich dem Rat und würde hier – natürlich nicht mit Absicht, aber durch die Tatsachen – niedergedrückt, fände sich nicht in seinen Freunden und nicht ohne sie zurecht, litte an Beschämung, hätte jetzt wirklich keine Heimat und keine Freunde mehr, war es da nicht viel besser für ihn, er bliebe in der Fremde, so wie
30 er war? Konnte man denn bei solchen Umständen daran denken, dass er es hier tatsächlich vorwärtsbringen würde?

Aus diesen Gründen konnte man ihm, wenn man noch überhaupt die briefliche Verbindung aufrechterhalten wollte, keine eigentlichen Mitteilungen machen, wie man sie ohne Scheu auch
35 den entferntesten Bekannten machen würde. Der Freund war nun schon über drei Jahre nicht in der Heimat gewesen und erklärte dies sehr notdürftig mit der Unsicherheit der politischen

Verhältnisse[1] in Russland, die demnach also auch die kürzeste Abwesenheit eines kleinen Geschäftsmannes nicht zuließen, während hunderttausende Russen ruhig in der Welt herumfuhren. Im Laufe dieser drei Jahre hatte sich aber gerade für Georg vieles verändert. Von dem Todesfall von Georgs Mutter, der vor etwa zwei Jahren erfolgt war und seit welchem Georg mit seinem alten Vater in gemeinsamer Wirtschaft lebte, hatte der Freund wohl noch erfahren und sein Beileid in einem Brief mit einer Trockenheit ausgedrückt, die ihren Grund nur darin haben konnte, dass die Trauer über ein solches Ereignis in der Fremde ganz unvorstellbar wird. Nun hatte aber Georg seit jener Zeit, so wie alles andere, auch sein Geschäft mit größerer Entschlossenheit angepackt. Vielleicht hatte ihn der Vater bei Lebzeiten der Mutter dadurch, dass er im Geschäft nur seine Ansicht gelten lassen wollte, an einer wirklichen eigenen Tätigkeit gehindert, vielleicht war der Vater seit dem Tode der Mutter, trotzdem er noch immer im Geschäfte arbeitete, zurückhaltender geworden, vielleicht spielten – was sogar sehr wahrscheinlich war – glückliche Zufälle eine weit wichtigere Rolle, jedenfalls aber hatte sich das Geschäft in diesen zwei Jahren ganz unerwartet entwickelt, das Personal hatte man verdoppeln müssen, der Umsatz hatte sich verfünffacht, ein weiterer Fortschritt stand zweifellos bevor. Der Freund aber hatte keine Ahnung von dieser Veränderung. Früher, zum letzten Mal vielleicht in jenem Beileidsbrief, hatte er Georg zur Auswanderung nach Russland überreden wollen und sich über die Aussichten verbreitet, die gerade für Georgs Geschäftszweig in Petersburg bestanden. Die Ziffern waren verschwindend gegenüber dem Umfang, den Georgs Geschäft jetzt angenommen hatte. Georg aber hatte keine Lust gehabt, dem Freund von seinen geschäftlichen Erfolgen zu schreiben, und hätte er es jetzt nachträglich getan, es hätte wirklich einen merkwürdigen Anschein gehabt. So beschränkte sich Georg darauf, dem Freund immer nur über bedeutungslose Vorfälle zu schreiben, wie sie sich, wenn man an

---

[1] Hinweis auf die Krise des zaristischen Systems und die Vorboten der zur Entstehungszeit heraufziehenden Kriege im Vorfeld des Ersten Weltkrieges

einem ruhigen Sonntag nachdenkt, in der Erinnerung ungeord-
net aufhäufen. Er wollte nichts anderes, als die Vorstellung ungestört lassen, die sich der Freund von der Heimatstadt in der langen Zwischenzeit wohl gemacht und mit welcher er sich abgefun-
den hatte. So geschah es Georg, dass er dem Freund die Verlobung
eines gleichgültigen Menschen mit einem ebenso gleichgültigen
Mädchen dreimal in ziemlich weit auseinanderliegenden Briefen
anzeigte, bis sich dann allerdings der Freund, ganz gegen Georgs
Absicht, für diese Merkwürdigkeit zu interessieren begann.

Georg schrieb ihm aber solche Dinge viel lieber, als dass er zugestanden hätte, dass er selbst vor einem Monat mit einem Fräulein
Frieda Brandenfeld[1], einem Mädchen aus wohlhabender Familie,
sich verlobt hatte. Oft sprach er mit seiner Braut über diesen
Freund und das besondere Korrespondenzverhältnis, in welchem
er zu ihm stand. „Da wird er gar nicht zu unserer Hochzeit kommen", sagte sie, „und ich habe doch das Recht, alle deine Freunde
kennenzulernen." „Ich will ihn nicht stören", antwortete Georg,
„verstehe mich recht, er würde wahrscheinlich kommen, wenigstens glaube ich es, aber er würde sich gezwungen und geschä-
digt fühlen, vielleicht mich beneiden und sicher unzufrieden und
unfähig, diese Unzufriedenheit jemals zu beseitigen, allein wieder zurückfahren. Allein – weißt du, was das ist?" „Ja, kann er
denn von unserer Heirat nicht auch auf andere Weise erfahren?"
„Das kann ich allerdings nicht verhindern, aber es ist bei seiner
Lebensweise unwahrscheinlich." „Wenn du solche Freunde hast,
Georg, hättest du dich überhaupt nicht verloben sollen." „Ja, das
ist unser beider Schuld; aber ich wollte es auch jetzt nicht anders
haben." Und wenn sie dann, rasch atmend unter seinen Küssen,
noch vorbrachte: „Eigentlich kränkt es mich doch", hielt er es
wirklich für unverfänglich, dem Freund alles zu schreiben. „So
bin ich und so hat er mich hinzunehmen", sagte er sich, „ich
kann nicht aus mir einen Menschen herausschneiden, der viel-

---

[1] Kafka schrieb zu der Namenswahl in einem Brief an Felice Bauer: „,Frie-
da' hat so viel Buchstaben wie Felice und auch die gleichen Anfangsbuch-
staben, ,Friede' und ,Glück' liegt auch nah beisammen. ,Brandenfeld' hat
durch ,feld' eine Beziehung zu ,Bauer' und den gleichen Anfangsbuchsta-
ben."

leicht für die Freundschaft mit ihm geeigneter wäre, als ich es
bin."

Und tatsächlich berichtete er seinem Freunde in dem langen
Brief, den er an diesem Sonntagvormittag schrieb, die erfolgte
5 Verlobung mit folgenden Worten: „Die beste Neuigkeit habe ich
mir bis zum Schluss aufgespart. Ich habe mich mit einem Fräulein Frieda Brandenfeld verlobt, einem Mädchen aus einer wohl-
habenden Familie, die sich hier erst lange nach deiner Abreise
angesiedelt hat, die du also kaum kennen dürftest. Es wird sich
10 noch Gelegenheit finden, dir Näheres über meine Braut mitzutei-
len, heute genüge dir, dass ich recht glücklich bin und dass sich in
unserem gegenseitigen Verhältnis nur insofern etwas geändert
hat, als du jetzt in mir statt eines ganz gewöhnlichen Freundes einen glücklichen Freund haben wirst. Außerdem bekommst du in
15 meiner Braut, die dich herzlich grüßen lässt und die dir nächstens
selbst schreiben wird, eine aufrichtige Freundin, was für einen
Junggesellen nicht ganz ohne Bedeutung ist. Ich weiß, es hält dich
vielerlei von einem Besuche bei uns zurück, wäre aber nicht gerade meine Hochzeit die richtige Gelegenheit, einmal alle Hinder-
20 nisse über den Haufen zu werfen? Aber wie dies auch sein mag,
handle ohne alle Rücksicht und nur nach deiner Wohlmeinung."

Mit diesem Brief in der Hand war Georg lange, das Gesicht dem
Fenster zugekehrt, an seinem Schreibtisch gesessen. Einem Bekannten, der ihn im Vorübergehen von der Gasse aus gegrüßt
25 hatte, hatte er kaum mit einem abwesenden Lächeln geantwortet.
Endlich steckte er den Brief in die Tasche und ging aus seinem
Zimmer quer durch einen kleinen Gang in das Zimmer seines
Vaters, in dem er schon seit Monaten nicht gewesen war. Es bestand auch sonst keine Nötigung dazu, denn er verkehrte mit sei-
30 nem Vater ständig im Geschäft, das Mittagessen nahmen sie
gleichzeitig in einem Speisehaus ein, abends versorgte sich zwar
jeder nach Belieben, doch saßen sie dann meistens, wenn nicht
Georg, wie es am häufigsten geschah, mit Freunden beisammen
war oder jetzt seine Braut besuchte, noch ein Weilchen, jeder mit
35 seiner Zeitung, im gemeinsamen Wohnzimmer.

Georg staunte darüber, wie dunkel das Zimmer des Vaters selbst
an diesem sonnigen Vormittag war. Einen solchen Schatten warf

also die hohe Mauer, die sich jenseits des schmalen Hofes erhob. Der Vater saß beim Fenster in einer Ecke, die mit verschiedenen Andenken an die selige Mutter ausgeschmückt war, und las die Zeitung, die er seitlich vor die Augen hielt, wodurch er irgendeine
5 Augenschwäche auszugleichen suchte. Auf dem Tisch standen die Reste des Frühstücks, von dem nicht viel verzehrt zu sein schien.

„Ah, Georg!", sagte der Vater und ging ihm gleich entgegen. Sein schwerer Schlafrock öffnete sich im Gehen, die Enden umflatterten ihn – „Mein Vater ist noch immer ein Riese", sagte sich Georg.
10 „Hier ist es ja unerträglich dunkel", sagte er dann.

„Ja, dunkel ist es schon", antwortete der Vater.

„Das Fenster hast du auch geschlossen?"

„Ich habe es lieber so."

„Es ist ja ganz warm draußen", sagte Georg, wie im Nachhang zu
15 dem Früheren, und setzte sich.

Der Vater räumte das Frühstücksgeschirr ab und stellte es auf einen Kasten.

„Ich wollte dir eigentlich nur sagen", fuhr Georg fort, der den Bewegungen des alten Mannes ganz verloren folgte, „dass ich
20 nun doch nach Petersburg meine Verlobung angezeigt habe."
Er zog den Brief ein wenig aus der Tasche und ließ ihn wieder zurückfallen.

„Wieso nach Petersburg?", fragte der Vater.

„Meinem Freunde doch", sagte Georg und suchte des Vaters Au-
25 gen. – „Im Geschäft ist er doch ganz anders", dachte er, „wie er hier breit sitzt und die Arme über der Brust kreuzt."

„Ja. Deinem Freunde", sagte der Vater mit Betonung.

„Du weißt doch, Vater, dass ich ihm meine Verlobung zuerst verschweigen wollte. Aus Rücksichtnahme, aus keinem anderen
30 Grunde sonst. Du weißt selbst, er ist ein schwieriger Mensch. Ich sagte mir, von anderer Seite kann er von meiner Verlobung wohl erfahren, wenn das auch bei seiner einsamen Lebensweise kaum wahrscheinlich ist – das kann ich nicht hindern –, aber von mir selbst soll er es nun einmal nicht erfahren."
35 „Und jetzt hast du es dir wieder anders überlegt?", fragte der Vater, legte die große Zeitung auf den Fensterbord und auf die Zeitung die Brille, die er mit der Hand bedeckte.

„Ja, jetzt habe ich es mir wieder überlegt. Wenn er mein guter
Freund ist, sagte ich mir, dann ist meine glückliche Verlobung
auch für ihn ein Glück. Und deshalb habe ich nicht mehr gezögert, es ihm anzuzeigen. Ehe ich jedoch den Brief einwarf, wollte
ich es dir sagen."

„Georg", sagte der Vater und zog den zahnlosen Mund in die Breite, „hör einmal! Du bist wegen dieser Sache zu mir gekommen,
um dich mit mir zu beraten. Das ehrt dich ohne Zweifel. Aber es
ist nichts, es ist ärger als nichts, wenn du mir jetzt nicht die volle
Wahrheit sagst. Ich will nicht Dinge aufrühren, die nicht hierher
gehören. Seit dem Tode unserer teueren Mutter sind gewisse un-
schöne Dinge vorgegangen. Vielleicht kommt auch für sie die
Zeit und vielleicht kommt sie früher, als wir denken. Im Geschäft
entgeht mir manches, es wird mir vielleicht auch verborgen – ich
will jetzt gar nicht die Annahme machen, dass es mir verborgen
wird –, ich bin nicht mehr kräftig genug, mein Gedächtnis lässt
nach, ich habe nicht mehr den Blick für alle die vielen Sachen.
Das ist erstens der Ablauf der Natur und zweitens hat mich der
Tod unseres Mütterchens viel mehr niedergeschlagen als dich. –
Aber weil wir gerade bei dieser Sache halten, bei diesem Brief, so
bitte ich dich, Georg, täusche mich nicht. Es ist eine Kleinigkeit,
es ist nicht des Atems wert, also täusche mich nicht. Hast du wirklich diesen Freund in Petersburg?"

Georg stand verlegen auf. „Lassen wir meine Freunde sein. Tau-
send Freunde ersetzen mir nicht meinen Vater. Weißt du, was ich
glaube? Du schonst dich nicht genug. Aber das Alter verlangt seine Rechte. Du bist mir im Geschäft unentbehrlich, das weißt du
ja sehr genau, aber wenn das Geschäft deine Gesundheit bedrohen sollte, sperre ich es noch morgen für immer. Das geht nicht.
Wir müssen da eine andere Lebensweise für dich einführen. Aber
von Grund aus. Du sitzt hier im Dunkel, und im Wohnzimmer
hättest du schönes Licht. Du nippst vom Frühstück, statt dich or-
dentlich zu stärken. Du sitzt bei geschlossenem Fenster, und die
Luft würde dir so gut tun. Nein, mein Vater! Ich werde den Arzt
holen und seinen Vorschriften werden wir folgen. Die Zimmer
werden wir wechseln, du wirst ins Vorderzimmer ziehen, ich
hierher. Es wird keine Veränderung für dich sein, alles wird mit

übertragen werden. Aber das alles hat Zeit, jetzt lege dich noch ein wenig ins Bett, du brauchst unbedingt Ruhe. Komm, ich werde dir beim Ausziehn helfen, du wirst sehn, ich kann es. Oder willst du gleich ins Vorderzimmer gehn, dann legst du dich vorläufig in mein Bett. Das wäre übrigens sehr vernünftig."

Georg stand knapp neben seinem Vater, der den Kopf mit dem struppigen weißen Haar auf die Brust hatte sinken lassen.

„Georg", sagte der Vater leise, ohne Bewegung.

Georg kniete sofort neben dem Vater nieder, er sah die Pupillen in dem müden Gesicht des Vaters übergroß in den Winkeln der Augen auf sich gerichtet.

„Du hast keinen Freund in Petersburg. Du bist immer ein Spaßmacher gewesen und hast dich auch mir gegenüber nicht zurückgehalten. Wie solltest du denn gerade dort einen Freund haben! Das kann ich gar nicht glauben."

„Denk doch noch einmal nach, Vater", sagte Georg, hob den Vater vom Sessel und zog ihm, wie er nun doch recht schwach dastand, den Schlafrock aus, „jetzt wird es bald drei Jahre her sein, da war ja mein Freund bei uns zu Besuch. Ich erinnere mich noch, dass du ihn nicht besonders gern hattest. Wenigstens zweimal habe ich ihn vor dir verleugnet, trotzdem er gerade bei mir im Zimmer saß. Ich konnte ja deine Abneigung gegen ihn ganz gut verstehn, mein Freund hat seine Eigentümlichkeiten. Aber dann hast du dich doch auch wieder ganz gut mit ihm unterhalten. Ich war damals noch so stolz darauf, dass du ihm zuhörtest, nicktest und fragtest. Wenn du nachdenkst, musst du dich erinnern. Er erzählte damals unglaubliche Geschichten von der russischen Revolution. Wie er z.B. auf einer Geschäftsreise in Kiew bei einem Tumult einen Geistlichen auf einem Balkon gesehen hatte, der sich ein breites Blutkreuz in die flache Hand schnitt, diese Hand erhob und die Menge anrief. Du hast ja selbst diese Geschichte hie und da wiedererzählt."

Währenddessen war es Georg gelungen, den Vater wieder niederzusetzen und ihm die Trikothose, die er über den Leinenunterhosen trug, sowie die Socken vorsichtig auszuziehn. Beim Anblick der nicht besonders reinen Wäsche machte er sich Vorwürfe, den Vater vernachlässigt zu haben. Es wäre sicherlich auch seine

Pflicht gewesen, über den Wäschewechsel seines Vaters zu wachen. Er hatte mit seiner Braut darüber, wie sie die Zukunft des Vaters einrichten wollten, noch nicht ausdrücklich gesprochen, denn sie hatten stillschweigend vorausgesetzt, dass der Vater al-
5 lein in der alten Wohnung bleiben würde. Doch jetzt entschloss er sich kurz mit aller Bestimmtheit, den Vater in seinen künftigen Haushalt mitzunehmen. Es schien ja fast, wenn man genauer zusah, dass die Pflege, die dort dem Vater bereitet werden sollte, zu spät kommen könnte.

10 Auf seinen Armen trug er den Vater ins Bett. Ein schreckliches Gefühl hatte er, als er während der paar Schritte zum Bett hin merkte, dass an seiner Brust der Vater mit seiner Uhrkette spielte. Er konnte ihn nicht gleich ins Bett legen, so fest hielt er sich an dieser Uhrkette.

15 Kaum war er aber im Bett, schien alles gut. Er deckte sich selbst zu und zog dann die Bettdecke noch besonders weit über die Schulter. Er sah nicht unfreundlich zu Georg hinauf.

„Nicht wahr, du erinnerst dich schon an ihn?", fragte Georg und nickte ihm aufmunternd zu.

20 „Bin ich jetzt gut zugedeckt?", fragte der Vater, als könne er nicht nachschauen, ob die Füße genug bedeckt seien.

„Es gefällt dir also schon im Bett", sagte Georg und legte das Deckzeug besser um ihn.

„Bin ich gut zugedeckt?", fragte der Vater noch einmal und schien
25 auf die Antwort besonders aufzupassen.

„Sei nur ruhig, du bist gut zugedeckt."

„Nein!", rief der Vater, dass die Antwort an die Frage stieß, warf die Decke zurück mit einer Kraft, dass sie einen Augenblick im Fluge sich ganz entfaltete, und stand aufrecht im
30 Bett. Nur eine Hand hielt er leicht an den Plafond[1]. „Du wolltest mich zudecken, das weiß ich, mein Früchtchen, aber zugedeckt bin ich noch nicht. Und ist es auch die letzte Kraft, genug für dich, zu viel für dich. Wohl kenne ich deinen Freund. Er wäre ein Sohn nach meinem Herzen. Darum hast du ihn auch betrogen
35 die ganzen Jahre lang. Warum sonst? Glaubst du, ich habe nicht

---

[1] Zimmerdecke

um ihn geweint? Darum doch sperrst du dich in dein Büro, niemand soll stören, der Chef ist beschäftigt – nur damit du deine falschen Briefchen nach Russland schreiben kannst. Aber den Vater muss glücklicherweise niemand lehren, den Sohn zu durch-
5 schauen. Wie du jetzt geglaubt hast, du hättest ihn untergekriegt, so untergekriegt, dass du dich mit deinem Hintern auf ihn setzen kannst und er rührt sich nicht, da hat sich mein Herr Sohn zum Heiraten entschlossen!"

Georg sah zum Schreckbild seines Vaters auf. Der Petersburger
10 Freund, den der Vater plötzlich so gut kannte, ergriff ihn, wie noch nie. Verloren im weiten Russland sah er ihn. An der Türe des leeren, ausgeraubten Geschäftes sah er ihn. Zwischen den Trümmern der Regale, den zerfetzten Waren, den fallenden Gasarmen[1] stand er gerade noch. Warum hatte er so weit wegfahren
15 müssen!

„Aber schau mich an!", rief der Vater, und Georg lief, fast zerstreut, zum Bett, um alles zu fassen, stockte aber in der Mitte des Weges.

„Weil sie die Röcke gehoben hat", fing der Vater zu flöten an, „weil
20 sie die Röcke gehoben hat, die widerliche Gans", und er hob, um das darzustellen, sein Hemd so hoch, dass man auf seinem Oberschenkel die Narbe aus seinen Kriegsjahren sah, „weil sie die Röcke so und so und so gehoben hat, hast du dich an sie herangemacht, und damit du an ihr ohne Störung dich befriedigen
25 kannst, hast du unserer Mutter Andenken geschändet, den Freund verraten und deinen Vater ins Bett gesteckt, damit er sich nicht rühren kann. Aber kann er sich rühren oder nicht?"
Und er stand vollkommen frei und warf die Beine. Er strahlte vor Einsicht.

30 Georg stand in einem Winkel, möglichst weit vom Vater. Vor einer langen Weile hatte er sich fest entschlossen, alles vollkommen genau zu beobachten, damit er nicht irgendwie auf Umwegen, von hinten her, von oben herab überrascht werden könne. Jetzt erinnerte er sich wieder an den längst vergessenen Entschluss und vergaß ihn, wie man einen kurzen Faden durch ein Nadelöhr zieht.

---

[1] Vorrichtungen für Beleuchtungen, die mit Gas betrieben wurden

„Aber der Freund ist nun doch nicht verraten!", rief der Vater, und sein hin- und her bewegter Zeigefinger bekräftigte es. „Ich war sein Vertreter hier am Ort."

„Komödiant!", konnte sich Georg zu rufen nicht enthalten, er-
5 kannte sofort den Schaden und biss, nur zu spät, – die Augen er-
starrt – in seine Zunge, dass er vor Schmerz einknickte.

„Ja, freilich habe ich Komödie gespielt! Komödie! Gutes Wort! Welcher andere Trost blieb dem alten verwitweten Vater? Sag – und für
den Augenblick der Antwort sei du noch mein lebender Sohn –,
10 was blieb mir übrig, in meinem Hinterzimmer, verfolgt vom unge-
treuen Personal, alt bis in die Knochen? Und mein Sohn ging im
Jubel durch die Welt, schloss Geschäfte ab, die ich vorbereitet hatte,
überpurzelte sich vor Vergnügen und ging vor seinem Vater mit
dem verschlossenen Gesicht eines Ehrenmannes davon! Glaubst
15 du, ich hätte dich nicht geliebt, ich, von dem du ausgingst?"

„Jetzt wird er sich vorbeugen", dachte Georg, „wenn er fiele und
zerschmetterte!" Dieses Wort durchzischte seinen Kopf.

Der Vater beugte sich vor, fiel aber nicht. Da Georg sich nicht näherte, wie er erwartet hatte, erhob er sich wieder.

20 „Bleib, wo du bist, ich brauche dich nicht! Du denkst, du hast
noch die Kraft, hierherzukommen, und hältst dich bloß zurück,
weil du so willst. Dass du dich nicht irrst! Ich bin noch immer der
viel Stärkere. Allein hätte ich vielleicht zurückweichen müssen,
aber so hat mir die Mutter ihre Kraft abgegeben, mit deinem
25 Freund habe ich mich herrlich verbunden, deine Kundschaft habe
ich hier in der Tasche!"

„Sogar im Hemd hat er Taschen!", sagte sich Georg und glaubte,
er könne ihn mit dieser Bemerkung in der ganzen Welt unmöglich machen. Nur einen Augenblick dachte er das, denn immer-
30 fort vergaß er alles.

„Häng dich nur in deine Braut ein und komm mir entgegen! Ich
fege sie dir von der Seite weg, du weißt nicht wie!"

Georg machte Grimassen, als glaube er das nicht. Der Vater
nickte bloß, die Wahrheit dessen, was er sagte, beteuernd in Ge-
35 orgs Ecke hin.

„Wie hast du mich doch heute unterhalten, als du kamst und fragtest, ob du deinem Freund von der Verlobung schreiben sollst. Er

weiß doch alles, dummer Junge, er weiß doch alles! Ich schrieb ihm doch, weil du vergessen hast, mir das Schreibzeug wegzunehmen. Darum kommt er schon seit Jahren nicht, er weiß ja alles hundertmal besser als du selbst, deine Briefe zerknüllt er ungelesen in der linken Hand, während er in der Rechten meine Briefe zum Lesen sich vorhält!"

Seinen Arm schwang er vor Begeisterung über dem Kopf. „Er weiß alles tausendmal besser!", rief er.

„Zehntausendmal!", sagte Georg, um den Vater zu verlachen, aber noch in seinem Munde bekam das Wort einen todernsten Klang.

„Seit Jahren passe ich schon auf, dass du mit dieser Frage kämest! Glaubst du, mich kümmert etwas anderes? Glaubst du, ich lese Zeitungen? Da!", und er warf Georg ein Zeitungsblatt, das irgendwie mit ins Bett getragen worden war, zu. Eine alte Zeitung, mit einem Georg schon ganz unbekannten Namen.

„Wie lange hast du gezögert, ehe du reif geworden bist! Die Mutter musste sterben, sie konnte den Freudentag nicht erleben, der Freund geht zugrunde in seinem Russland, schon vor drei Jahren war er gelb zum Wegwerfen, und ich, du siehst ja, wie es mit mir steht. Dafür hast du doch Augen!"

„Du hast mir also aufgelauert!", rief Georg.

Mitleidig sagte der Vater nebenbei: „Das wolltest du wahrscheinlich früher sagen. Jetzt passt es ja gar nicht mehr."

Und lauter: „Jetzt weißt du also, was es noch außer dir gab, bisher wusstest du nur von dir! Ein unschuldiges Kind warst du ja eigentlich, aber noch eigentlicher warst du ein teuflischer Mensch! – Und darum wisse: Ich verurteile dich jetzt zum Tode des Ertrinkens!"

Georg fühlte sich aus dem Zimmer gejagt, den Schlag, mit dem der Vater hinter ihm aufs Bett stürzte, trug er noch in den Ohren davon. Auf der Treppe, über deren Stufen er wie über eine schiefe Fläche eilte, überrumpelte er seine Bedienerin, die im Begriffe war, hinaufzugehen, um die Wohnung nach der Nacht aufzuräumen. „Jesus!", rief sie und verdeckte mit der Schürze das Gesicht, aber er war schon davon. Aus dem Tor sprang er, über die Fahrbahn zum Wasser trieb es ihn. Schon hielt er das Geländer fest, wie ein Hungriger die Nahrung. Er schwang sich über, als der ausgezeichnete Turner, der er in seinen Jugendjahren zum Stolz seiner Eltern gewesen war. Noch hielt er sich mit schwächer werdenden Händen fest, erspähte zwischen den Geländerstangen einen Autoomnibus[1], der mit Leichtigkeit seinen Fall übertönen würde, rief leise: „Liebe Eltern, ich habe euch doch immer geliebt" und ließ sich hinfallen.

In diesem Augenblick ging über die Brücke ein geradezu unendlicher Verkehr.

---

[1] motorgetriebener Bus, im Gegensatz zu den zu dieser Zeit noch häufigen Pferdewagen

Vor dem Gesetz[1]

Vor dem Gesetz steht ein Türhüter. Zu diesem Türhüter kommt ein Mann vom Lande und bittet um Eintritt in das Gesetz. Aber der Türhüter sagt, dass er ihm jetzt den Eintritt nicht gewähren könne. Der Mann überlegt und fragt dann, ob er also später werde eintreten dürfen. „Es ist möglich", sagt der Türhüter, „jetzt aber nicht." Da das Tor zum Gesetz offen steht wie immer und der Türhüter beiseite tritt, bückt sich der Mann, um durch das Tor in das Innere zu sehn. Als der Türhüter das merkt, lacht er und sagt: „Wenn es dich so lockt, versuche es doch, trotz meines Verbotes hineinzugehn. Merke aber: Ich bin mächtig. Und ich bin nur der unterste Türhüter. Von Saal zu Saal stehn aber Türhüter, einer mächtiger als der andere. Schon den Anblick des dritten kann nicht einmal ich mehr ertragen." Solche Schwierigkeiten hat der Mann vom Lande nicht erwartet; das Gesetz soll doch jedem und immer zugänglich sein, denkt er, aber als er jetzt den Türhüter in seinem Pelzmantel genauer ansieht, seine große Spitznase, den langen, dünnen, schwarzen tatarischen[2] Bart, entschließt er sich doch lieber zu warten, bis er die Erlaubnis zum Eintritt bekommt. Der Türhüter gibt ihm einen Schemel und lässt ihn seitwärts von der Tür sich niedersetzen. Dort sitzt er Tage und Jahre. Er macht viele Versuche, eingelassen zu werden, und ermüdet den Türhüter durch seine Bitten. Der Türhüter stellt öfters kleine Verhöre mit ihm an, fragt ihn über seine Heimat aus und nach vielem

---

[1] Diese Parabel, die im Dezember 1914 entstand, ist Bestandteil des Romanfragments „Der Proceß" und beruht auch thematisch auf diesem Kontext. Sie wurde allerdings auch isoliert vom Roman als selbstständiger Text in der jüdischen Wochenzeitschrift „Selbstwehr" und später im Erzählband „Ein Landarzt" veröffentlicht. Kafka bezeichnete den kleinen Text als „Legende". An diese Textgattung stellte er besondere Anforderungen und glaubte, dass eine solche zu schreiben „erst am Ende eines Lebens gelingen [kann], wenn man alle seine Kräfte entwickelt und bereit hat".

[2] „Tataren" ist eine Bezeichnung, die heute für verschiedene, besonders eurasische Bevölkerungsgruppen gebraucht wird. Der Begriff wurde früher aber auch für die Kriegerhorden des Dschingis Khan gebraucht und bedeutete „die aus der Hölle kommen" (von gr. tartaros = Hölle).

andern, es sind aber teilnahmslose Fragen, wie sie große Herren stellen, und zum Schlusse sagt er ihm immer wieder, dass er ihn noch nicht einlassen könne. Der Mann, der sich für seine Reise mit vielem ausgerüstet hat, verwendet alles, und sei es noch so

5 wertvoll, um den Türhüter zu bestechen. Dieser nimmt zwar alles an, aber sagt dabei: „Ich nehme es nur an, damit du nicht glaubst, etwas versäumt zu haben." Während der vielen Jahre beobachtet der Mann den Türhüter fast ununterbrochen. Er vergisst die andern Türhüter und dieser erste scheint ihm das einzige Hindernis

10 für den Eintritt in das Gesetz. Er verflucht den unglücklichen Zufall, in den ersten Jahren rücksichtslos und laut, später, als er alt wird, brummt er nur noch vor sich hin. Er wird kindisch, und, da er in dem jahrelangen Studium des Türhüters auch die Flöhe in seinem Pelzkragen erkannt hat, bittet er auch die Flöhe, ihm zu

15 helfen und den Türhüter umzustimmen. Schließlich wird sein Augenlicht schwach, und er weiß nicht, ob es um ihn wirklich dunkler wird oder ob ihn nur seine Augen täuschen. Wohl aber erkennt er jetzt im Dunkel einen Glanz, der unverlöschlich aus der Türe des Gesetzes bricht. Nun lebt er nicht mehr lange. Vor

20 seinem Tode sammeln sich in seinem Kopfe alle Erfahrungen der ganzen Zeit zu einer Frage, die er bisher an den Türhüter noch nicht gestellt hat. Er winkt ihm zu, da er seinen erstarrenden Körper nicht mehr aufrichten kann. Der Türhüter muss sich tief zu ihm hinunterneigen, denn der Größenunterschied hat sich sehr

25 zuungunsten des Mannes verändert. „Was willst du denn jetzt noch wissen?", fragt der Türhüter, „du bist unersättlich." „Alle streben doch nach dem Gesetz", sagt der Mann, „wieso kommt es, dass in den vielen Jahren niemand außer mir Einlass verlangt hat?" Der Türhüter erkennt, dass der Mann schon an seinem En-

30 de ist, und um sein vergehendes Gehör noch zu erreichen, brüllt er ihn an: „Hier konnte niemand sonst Einlass erhalten, denn dieser Eingang war nur für dich bestimmt. Ich gehe jetzt und schließe ihn."

Eine kaiserliche Botschaft[1]

Der Kaiser – so heißt es – hat dir, dem Einzelnen, dem jämmerlichen Untertanen, dem winzig vor der kaiserlichen Sonne in die fernste Ferne geflüchteten Schatten, gerade dir hat der Kaiser von seinem Sterbebett aus eine Botschaft gesendet. Den Boten hat er
5 beim Bett niederknien lassen und ihm die Botschaft ins Ohr geflüstert; so sehr war ihm an ihr gelegen, dass er sich sie noch ins Ohr wiedersagen ließ. Durch Kopfnicken hat er die Richtigkeit des Gesagten bestätigt. Und vor der ganzen Zuschauerschaft seines Todes – alle hindernden Wände werden niedergebrochen und auf
10 den weit und hoch sich schwingenden Freitreppen stehen im Ring die Großen des Reichs – vor allen diesen hat er den Boten abgefertigt. Der Bote hat sich gleich auf den Weg gemacht; ein kräftiger, ein unermüdlicher Mann; einmal diesen, einmal den andern Arm vorstreckend schafft er sich Bahn durch die Menge; findet er Wi
15 derstand, zeigt er auf die Brust, wo das Zeichen der Sonne ist; er kommt auch leicht vorwärts, wie kein anderer. Aber die Menge ist so groß; ihre Wohnstätten nehmen kein Ende. Öffnete sich freies Feld, wie würde er fliegen und bald wohl hörtest du das herrliche Schlagen seiner Fäuste an deiner Tür. Aber statt dessen, wie nutz
20 los müht er sich ab; immer noch zwängt er sich durch die Gemächer des innersten Palastes; niemals wird er sie überwinden; und gelänge ihm dies, nichts wäre gewonnen; die Treppen hinab müsste er sich kämpfen; und gelänge ihm dies, nichts wäre gewonnen; die Höfe wären zu durchmessen; und nach den Höfen
25 der zweite umschließende Palast; und wieder Treppen und Höfe; und wieder ein Palast; und so weiter durch Jahrtausende; und stürzte er endlich aus dem äußersten Tor – aber niemals, niemals kann es geschehen – liegt erst die Residenzstadt vor ihm, die Mitte der Welt, hochgeschüttet voll ihres Bodensatzes. Niemand dringt
30 hier durch und gar mit der Botschaft eines Toten. – Du aber sitzt an deinem Fenster und erträumst sie dir, wenn der Abend kommt.

---

[1] entstanden 1917 als Teil des Fragmentes „Beim Bau der chinesischen Mauer"; Kafka löste die Parabel später heraus und veröffentlichte sie zunächst in einer jüdischen Wochenzeitschrift und später in seinem Sammelband „Ein Landarzt".

Franz Kafka: Der plötzliche Spaziergang[1]

Wenn man sich am Abend endgültig entschlossen zu haben scheint, zu Hause zu bleiben, den Hausrock angezogen hat, nach dem Nachtmahl beim beleuchteten Tische sitzt und jene Arbeit oder jenes Spiel vorgenommen hat, nach dessen Beendigung
5 man gewohnheitsgemäß schlafen geht, wenn draußen ein unfreundliches Wetter ist, welches das Zuhausebleiben selbstverständlich macht, wenn man jetzt auch schon so lange bei Tisch stillgehalten hat, dass das Weggehen allgemeines Erstaunen hervorrufen müsste, wenn nun auch schon das Treppenhaus dunkel
10 und das Haustor gesperrt ist, und wenn man nun trotz alledem in einem plötzlichen Unbehagen aufsteht, den Rock wechselt, sofort straßenmäßig angezogen erscheint, weggehen zu müssen erklärt, es nach kurzem Abschied auch tut, je nach der Schnelligkeit, mit der man die Wohnungstür zuschlägt, mehr oder weniger
15 Ärger zu hinterlassen glaubt, wenn man sich auf der Gasse wiederfindet, mit Gliedern, die diese schon unerwartete Freiheit, die man ihnen verschafft hat, mit besonderer Beweglichkeit beantworten, wenn man durch diesen einen Entschluss alle Entschlussfähigkeit in sich gesammelt fühlt, wenn man mit größerer
20 als der gewöhnlichen Bedeutung erkennt, dass man ja mehr Kraft als Bedürfnis hat, die schnellste Veränderung leicht zu bewirken und zu ertragen, und wenn man so die langen Gassen hinläuft, – dann ist man für diesen Abend gänzlich aus seiner Familie ausgetreten, die ins Wesenlose abschwenkt, während man selbst,
25 ganz fest, schwarz vor Umrissenheit, hinten die Schenkel schlagend, sich zu seiner wahren Gestalt erhebt.
Verstärkt wird alles noch, wenn man zu dieser späten Abendzeit einen Freund aufsucht, um nachzusehen, wie es ihm geht.

---

[1] entstanden im Januar 1912, veröffentlicht im Sammelband „Betrachtung"
im Folgejahr

Der Schlag ans Hoftor[1]

Es war im Sommer, ein heißer Tag. Ich kam auf dem Nachhause-
weg mit meiner Schwester an einem Hoftor vorüber. Ich weiß
nicht, schlug sie aus Mutwillen ans Tor oder aus Zerstreutheit
oder drohte sie nur mit der Faust und schlug gar nicht. Hundert
Schritte weiter an der nach links sich wendenden Landstraße begann das Dorf. Wir kannten es nicht, aber gleich nach dem ersten
Haus kamen Leute hervor und winkten uns, freundschaftlich
oder warnend, selbst erschrocken, gebückt vor Schrecken. Sie
zeigten nach dem Hof, an dem wir vorübergekommen waren,
und erinnerten uns an den Schlag ans Tor. Die Hofbesitzer werden uns verklagen, gleich werde die Untersuchung beginnen. Ich
war sehr ruhig und beruhigte auch meine Schwester. Sie hatte
den Schlag wahrscheinlich gar nicht getan, und hätte sie ihn getan, so wird deswegen nirgends auf der Welt ein Beweis geführt.
Ich suchte das auch den Leuten um uns begreiflich zu machen,
sie hörten mich an, enthielten sich aber eines Urteils. Später
sagten sie, nicht nur meine Schwester, auch ich als Bruder werde
angeklagt werden. Ich nickte lächelnd. Alle blickten wir zum
Hofe zurück, wie man eine ferne Rauchwolke beobachtet und auf
die Flamme wartet. Und wirklich, bald sahen wir Reiter ins weit
offene Hoftor einreiten. Staub erhob sich, verhüllte alles, nur die
Spitzen der hohen Lanzen blinkten. Und kaum war die Truppe
im Hof verschwunden, schien sie gleich die Pferde gewendet zu
haben und war auf dem Wege zu uns. Ich drängte meine Schwester fort, ich werde alles allein ins Reine bringen. Sie weigerte sich,
mich allein zu lassen. Ich sagte, sie solle sich aber wenigstens
umkleiden, um in einem besseren Kleid vor die Herren zu treten.
Endlich folgte sie und machte sich auf den langen Weg nach Hause. Schon waren die Reiter bei uns, noch von den Pferden herab
fragten sie nach meiner Schwester. Sie ist augenblicklich nicht

---

[1] entstanden Mitte/Ende März 1917; möglicherweise gibt es einen autobiografischen Hintergrund zum Text dergestalt, dass Kafka besonders im
Sommer 1916 vermehrt Ausflüge aufs Land mit seiner „Lieblingsschwester" Ottla unternahm.

hier, wurde ängstlich geantwortet, werde aber später kommen.
Die Antwort wurde fast gleichgültig aufgenommen; wichtig
schien vor allem, dass sie mich gefunden hatten. Es waren hauptsächlich zwei Herren, der Richter, ein junger, lebhafter Mann,
5 und sein stiller Gehilfe, der Aßmann genannt wurde. Ich wurde
aufgefordert, in die Bauernstube einzutreten. Langsam, den Kopf
wiegend, an den Hosenträgern rückend, setzte ich mich unter
den scharfen Blicken der Herren in Gang. Noch glaubte ich fast,
ein Wort werde genügen, um mich, den Städter, sogar noch unter
10 Ehren, aus diesem Bauernvolk zu befreien. Aber als ich die
Schwelle der Stube überschritten hatte, sagte der Richter, der vor-
gesprungen war und mich schon erwartete: „Dieser Mann tut mir
leid." Es war aber über allem Zweifel, dass er damit nicht meinen
gegenwärtigen Zustand meinte, sondern das, was mit mir gesche-
15 hen würde. Die Stube sah einer Gefängniszelle ähnlicher als einer Bauernstube. Große Steinfliesen, dunkel, ganz kahle Wand,
irgendwo eingemauert ein eiserner Ring, in der Mitte etwas, das
halb Pritsche, halb Operationstisch war.

Könnte ich noch andere Luft schmecken als die des Gefängnisses?
20 Das ist die große Frage oder vielmehr, sie wäre es, wenn ich noch
Aussicht auf Entlassung hätte.

Der Nachbar[1]

Mein Geschäft ruht ganz auf meinen Schultern. Zwei Fräulein mit Schreibmaschinen und Geschäftsbüchern im Vorzimmer, mein Zimmer mit Schreibtisch, Kasse, Beratungstisch, Klubsessel und Telefon, das ist mein ganzer Arbeitsapparat. So einfach zu
5 überblicken, so leicht zu führen. Ich bin ganz jung, und die Geschäfte rollen vor mir her. Ich klage nicht, ich klage nicht.

Seit Neujahr hat ein junger Mann die kleine, leerstehende Nebenwohnung, die ich ungeschickterweise so lange zu mieten gezögert habe, frischweg gemietet. Auch ein Zimmer mit Vorzimmer,
10 außerdem aber noch eine Küche.[2] – Zimmer und Vorzimmer hätte ich wohl brauchen können – meine zwei Fräulein fühlten sich schon manchmal überlastet –, aber wozu hätte mir die Küche gedient? Dieses kleinliche Bedenken war daran schuld, dass ich mir die Wohnung habe nehmen lassen. Nun sitzt dort dieser junge
15 Mann. Harras heißt er. Was er dort eigentlich macht, weiß ich nicht. Auf der Tür steht: ‚Harras, Büro‘. Ich habe Erkundigungen eingezogen, man hat mir mitgeteilt, es sei ein Geschäft ähnlich dem meinigen. Vor Kreditgewährung könne man nicht geradezu warnen, denn es handle sich doch um einen jungen, aufstre-
20 benden Mann, dessen Sache vielleicht Zukunft habe, doch könne man zum Kredit nicht geradezu raten, denn gegenwärtig sei allem Anschein nach kein Vermögen vorhanden. Die übliche Auskunft, die man gibt, wenn man nichts weiß.

Manchmal treffe ich Harras auf der Treppe, er muss es immer
25 außerordentlich eilig haben, er huscht förmlich an mir vorüber. Genau gesehen habe ich ihn noch gar nicht, den Büroschlüssel hat er schon vorbereitet in der Hand. Im Augenblick hat er die Tür geöffnet. Wie der Schwanz einer Ratte ist er hineingeglitten, und ich stehe wieder vor der Tafel ‚Harras, Büro‘, die ich schon viel
30 öfter gelesen habe, als sie es verdient.

---

[1] Bei dem Text handelt es sich um ein Fragment aus dem Nachlass, das wahrscheinlich 1917 entstand.

[2] Zur Entstehungszeit hatte Kafka für sich eine küchenlose Wohnung (im sogenannten „Schönbornpalais") gemietet, um dort ungestört schreiben zu können.

Die elend dünnen Wände, die den ehrlich tätigen Mann verraten,
den Unehrlichen aber decken. Mein Telefon ist an der Zimmerwand angebracht, die mich von meinem Nachbar trennt. Doch
hebe ich das bloß als besonders ironische Tatsache hervor. Selbst
5 wenn es an der entgegengesetzten Wand hinge, würde man in der
Nebenwohnung alles hören. Ich habe mir abgewöhnt, den Namen der Kunden beim Telefon zu nennen. Aber es gehört natürlich nicht viel Schlauheit dazu, aus charakteristischen, aber un-
vermeidlichen Wendungen des Gesprächs die Namen zu erraten.
10 – Manchmal umtanze ich, die Hörmuschel am Ohr, von Unruhe
gestachelt, auf den Fußspitzen den Apparat und kann es doch
nicht verhüten, dass Geheimnisse preisgegeben werden.
Natürlich werden dadurch meine geschäftlichen Entscheidungen
unsicher, meine Stimme zittrig. Was macht Harras, während ich
15 telefoniere? Wollte ich sehr übertreiben – aber das muss man oft,
um sich Klarheit zu verschaffen –, so könnte ich sagen: Harras
braucht kein Telefon, er benutzt meines, er hat sein Kanapee an
die Wand gerückt und horcht, ich dagegen muss, wenn geläutet
wird, zum Telefon laufen, die Wünsche des Kunden entgegen-
20 nehmen, schwerwiegende Entschlüsse fassen, großangelegte
Überredungen ausführen – vor allem aber während des Ganzen
unwillkürlich durch die Zimmerwand Harras Bericht erstatten.
Vielleicht wartet er gar nicht das Ende des Gesprächs ab, sondern
erhebt sich nach der Gesprächsstelle, die ihn über den Fall genü-
25 gend aufgeklärt hat, huscht nach seiner Gewohnheit durch die
Stadt und, ehe ich die Hörmuschel aufgehängt habe, ist er vielleicht schon daran, mir entgegenzuarbeiten.

Ein Hungerkünstler[1]

In den letzten Jahrzehnten ist das Interesse an Hungerkünstlern sehr zurückgegangen.[2] Während es sich früher gut lohnte, große derartige Vorführungen in eigener Regie zu veranstalten, ist dies heute völlig unmöglich. Es waren andere Zeiten. Damals beschäf-
5 tigte sich die ganze Stadt mit dem Hungerkünstler; von Hungertag zu Hungertag stieg die Teilnahme; jeder wollte den Hungerkünstler zumindest einmal täglich sehn; an den spätern Tagen gab es Abonnenten, welche tagelang vor dem kleinen Gitterkäfig saßen; auch in der Nacht fanden Besichtigungen statt, zur Erhö-
10 hung der Wirkung bei Fackelschein; an schönen Tagen wurde der Käfig ins Freie getragen, und nun waren es besonders die Kinder, denen der Hungerkünstler gezeigt wurde; während er für die Erwachsenen oft nur ein Spaß war, an dem sie der Mode halber teilnahmen, sahen die Kinder staunend, mit offenem Mund, der
15 Sicherheit halber einander bei der Hand haltend, zu, wie er bleich, im schwarzen Trikot, mit mächtig vortretenden Rippen, sogar einen Sessel verschmähend, auf hingestreutem Stroh saß, einmal höflich nickend, angestrengt lächelnd Fragen beantwortete, auch durch das Gitter den Arm streckte, um seine Magerkeit[3] befühlen
20 zu lassen, dann aber wieder ganz in sich selbst versank, um niemanden sich kümmerte, nicht einmal um den für ihn so wichtigen Schlag der Uhr, die das einzige Möbelstück des Käfigs war, sondern nur vor sich hinsah mit fast geschlossenen Augen und hie und da aus einem winzigen Gläschen Wasser nippte, um sich
25 die Lippen zu feuchten.

---

[1] Die Erzählung aus dem Jahre 1922 stammt aus dem Spätwerk Kafkas, also aus einer Zeit, in der der Autor bereits schwer krank war, viele Zusammenbrüche erlitten und schon testamentarische Wünsche an seinen Freund Max Brod gerichtet hatte. Während er die meisten Texte nach seinem Tod vernichtet wissen wollte, nahm er die Erzählung „Der Hungerkünstler" ausdrücklich davon aus.

[2] Hungerkünstler waren Schausteller, die ihr Fasten und die damit verbundene Überwindung menschlicher Grundbedürfnisse öffentlich zur Schau stellten und dafür eine Gage kassierten. Das Interesse am Schauhungern ließ jedoch in den 1920er-Jahren stark nach.

[3] Kafka schrieb über sich: „Ich bin der magerste Mensch, den ich kenne."

Außer den wechselnden Zuschauern waren auch ständige, vom
Publikum gewählte Wächter da, merkwürdigerweise gewöhnlich
Fleischhauer[1], welche, immer drei gleichzeitig, die Aufgabe hatten, Tag und Nacht den Hungerkünstler zu beobachten, damit er
5 nicht etwa auf irgendeine heimliche Weise doch Nahrung zu sich
nehme. Es war das aber lediglich eine Formalität, eingeführt zur
Beruhigung der Massen, denn die Eingeweihten wussten wohl,
dass der Hungerkünstler während der Hungerzeit niemals, unter
keinen Umständen, selbst unter Zwang nicht, auch das Geringste
10 nur gegessen hätte; die Ehre seiner Kunst verbot dies. Freilich,
nicht jeder Wächter konnte das begreifen, es fanden sich manchmal nächtliche Wachgruppen, welche die Bewachung sehr lax[2]
durchführten, absichtlich in eine ferne Ecke sich zusammen-
setzten und dort sich ins Kartenspiel vertieften, in der offenbaren
15 Absicht, dem Hungerkünstler eine kleine Erfrischung zu gönnen, die er ihrer Meinung nach aus irgendwelchen geheimen
Vorräten hervorholen konnte. Nichts war dem Hungerkünstler
quälender als solche Wächter; sie machten ihn trübselig; sie
machten ihm das Hungern entsetzlich schwer; manchmal über-
20 wand er seine Schwäche und sang während dieser Wachzeit, solange er es nur aushielt, um den Leuten zu zeigen, wie ungerecht
sie ihn verdächtigten. Doch half das wenig; sie wunderten sich
dann nur über seine Geschicklichkeit, selbst während des Sin-
gens zu essen. Viel lieber waren ihm die Wächter, welche sich eng
25 zum Gitter setzten, mit der trüben Nachtbeleuchtung des Saales
sich nicht begnügten, sondern ihn mit den elektrischen Taschen-
lampen bestrahlten, die ihnen der Impresario[3] zur Verfügung
stellte. Das grelle Licht störte ihn gar nicht, schlafen konnte er ja
überhaupt nicht, und ein wenig hindämmern konnte er immer,
30 bei jeder Beleuchtung und zu jeder Stunde, auch im übervollen,
lärmenden Saal. Er war sehr gerne bereit, mit solchen Wächtern

---

[1] Kafkas Vater war der Sohn eines Fleischhauers und aß selbst gern und
viel Fleisch. Der Sohn dagegen wurde Vegetarier, wodurch sich Hermann
Kafka provoziert und angeekelt fühlte.
[2] nachlässig
[3] Bezeichnung für einen Künstleragenten oder auch den Leiter eines Thea-
ters

die Nacht gänzlich ohne Schlaf zu verbringen; er war bereit, mit
ihnen zu scherzen, ihnen Geschichten aus seinem Wanderleben
zu erzählen, dann wieder ihre Erzählungen anzuhören, alles nur,
um sie wach zu halten, um ihnen immer wieder zeigen zu können, dass er nichts Essbares im Käfig hatte und dass er hungerte,
wie keiner von ihnen es könnte. Am glücklichsten aber war er,
wenn dann der Morgen kam, und ihnen auf seine Rechnung ein
überreiches Frühstück gebracht wurde, auf das sie sich warfen
mit dem Appetit gesunder Männer nach einer mühevoll durch-
wachten Nacht. Es gab zwar sogar Leute, die in diesem Frühstück
eine ungebührliche Beeinflussung der Wächter sehen wollten,
aber das ging doch zu weit, und wenn man sie fragte, ob etwa sie
nur um der Sache willen ohne Frühstück die Nachtwache über-
nehmen wollten, verzogen sie sich, aber bei ihren Verdächtigungen blieben sie dennoch.

Dieses allerdings gehörte schon zu den vom Hungern überhaupt
nicht zu trennenden Verdächtigungen. Niemand war ja imstande, alle die Tage und Nächte beim Hungerkünstler unterbrochen als Wächter zu verbringen, niemand also konnte aus eigener
Anschauung wissen, ob wirklich ununterbrochen, fehlerlos ge-
hungert worden war; nur der Hungerkünstler selbst konnte das
wissen, nur er also gleichzeitig der von seinem Hungern vollkommen befriedigte Zuschauer sein. Er aber war wieder aus einem
andern Grunde niemals befriedigt; vielleicht war er gar nicht vom
Hungern so sehr abgemagert, dass manche zu ihrem Bedauern
den Vorführungen fernbleiben mussten, weil sie seinen Anblick
nicht ertrugen, sondern er war nur so abgemagert aus Unzufriedenheit mit sich selbst. Er allein nämlich wusste, auch kein Ein-
geweihter sonst wusste das, wie leicht das Hungern war. Es war
die leichteste Sache auf der Welt. Er verschwieg es auch nicht,
aber man glaubte ihm nicht, hielt ihn günstigenfalls für bescheiden, meist aber für reklamesüchtig oder gar für einen Schwind-
ler, dem das Hungern allerdings leicht war, weil er es sich leicht
zu machen verstand, und der auch noch die Stirn hatte, es halb zu
gestehn. Das alles musste er hinnehmen, hatte sich auch im Laufe der Jahre daran gewöhnt, aber innerlich nagte diese Unbefrie-
digtheit immer an ihm und noch niemals, nach keiner Hunger-

periode[1] – dieses Zeugnis musste man ihm ausstellen – hatte er
freiwillig den Käfig verlassen. Als Höchstzeit für das Hungern
hatte der Impresario vierzig Tage[2] festgesetzt, darüber hinaus ließ
er niemals hungern, auch in den Weltstädten nicht, und zwar aus
5 gutem Grund. Vierzig Tage etwa konnte man erfahrungsgemäß
durch allmählich sich steigernde Reklame das Interesse einer
Stadt immer mehr aufstacheln, dann aber versagte das Publikum,
eine wesentliche Abnahme des Zuspruchs war festzustellen; es
bestanden natürlich in dieser Hinsicht kleine Unterschiede zwi-
10 schen den Städten und Ländern, als Regel aber galt, dass vierzig
Tage die Höchstzeit war. Dann also am vierzigsten Tage wurde die
Tür des mit Blumen umkränzten Käfigs geöffnet, eine begeisterte
Zuschauerschaft erfüllte das Amphitheater, eine Militärkapelle
spielte, zwei Ärzte betraten den Käfig, um die nötigen Messungen
15 am Hungerkünstler vorzunehmen, durch ein Megafon wurden
die Resultate dem Saale verkündet, und schließlich kamen zwei
junge Damen, glücklich darüber, dass gerade sie ausgelost worden waren, und wollten den Hungerkünstler aus dem Käfig ein
paar Stufen hinabführen, wo auf einem kleinen Tischchen eine
20 sorgfältig ausgewählte Krankenmahlzeit serviert war. Und in diesem Augenblick wehrte sich der Hungerkünstler immer. Zwar
legte er noch freiwillig seine Knochenarme in die hilfsbereit aus-
gestreckten Hände der zu ihm hinabgebeugten Damen, aber aufstehen wollte er nicht. Warum gerade jetzt nach vierzig Tagen
25 aufhören? Er hätte es noch lange, unbeschränkt lange ausgehal-
ten; warum gerade jetzt aufhören, wo er im besten, ja noch nicht
einmal im besten Hungern war? Warum wollte man ihn des
Ruhmes berauben, weiterzuhungern, nicht nur der größte Hungerkünstler aller Zeiten zu werden, der er ja wahrscheinlich
30 schon war, aber auch noch sich selbst zu übertreffen bis ins Un-
begreifliche, denn für seine Fähigkeit zu hungern fühlte er keine
Grenzen. Warum hatte diese Menge, die ihn so sehr zu bewun-

---

[1] festgesetzter Zeitraum des Schaufastens
[2] Anspielung auf biblische Vorbilder: Mose, Elisa und Jesus fasteten vierzig
    Tage in der Wüste, welche für Kafka wiederum ein Symbol für seine eige-
    ne, menschenferne Isolation darstellte.

dern vorgab, so wenig Geduld mit ihm; wenn er es aushielt, noch
weiter zu hungern, warum wollte sie es nicht aushalten? Auch
war er müde, saß gut im Stroh und sollte sich nun hoch und lang
aufrichten und zu dem Essen gehn, das ihm schon allein in der
5 Vorstellung Übelkeiten verursachte, deren Äußerung er nur mit
Rücksicht auf die Damen mühselig unterdrückte. Und er blickte
empor in die Augen der scheinbar so freundlichen, in Wirklichkeit so grausamen Damen und schüttelte den auf dem schwachen
Halse überschweren Kopf. Aber dann geschah, was immer ge-
10 schah. Der Impresario kam, hob stumm – die Musik machte das
Reden unmöglich – die Arme über dem Hungerkünstler, so, als
lade er den Himmel ein, sich sein Werk hier auf dem Stroh einmal anzusehn, diesen bedauernswerten Märtyrer[1], welcher der
Hungerkünstler allerdings war, nur in ganz anderem Sinn; fasste
15 den Hungerkünstler um die dünne Taille, wobei er durch über-
triebene Vorsicht glaubhaft machen wollte, mit einem wie ge-
brechlichen Ding er es hier zu tun habe; und übergab ihn – nicht
ohne ihn im Geheimen ein wenig zu schütteln, sodass der Hungerkünstler mit den Beinen und dem Oberkörper unbeherrscht
20 hin und her schwankte – den inzwischen totenbleich gewordenen
Damen. Nun duldete der Hungerkünstler alles; der Kopf lag auf
der Brust, es war, als sei er hingerollt und halte sich dort unerklär-
lich; der Leib war ausgehöhlt; die Beine drückten sich im Selbst-
erhaltungstrieb fest in den Knien aneinander, scharrten aber doch
25 den Boden, so, als sei es nicht der wirkliche, den wirklichen
suchten sie erst; und die ganze, allerdings sehr kleine Last des
Körpers lag auf einer der Damen, welche hilfesuchend, mit flie-
gendem Atem – so hatte sie sich dieses Ehrenamt nicht vorgestellt
– zuerst den Hals möglichst streckte, um wenigstens das Gesicht
30 vor der Berührung mit dem Hungerkünstler zu bewahren, dann
aber, da ihr dies nicht gelang und ihre glücklichere Gefährtin ihr
nicht zu Hilfe kam, sondern sich damit begnügte, zitternd die
Hand des Hungerkünstlers, dieses kleine Knochenbündel, vor
sich herzutragen, unter dem entzückten Gelächter des Saales in

---

[1] (von gr. martys = Zeuge) jemand, der für seinen Glauben oder ein Ideal
bereit ist, notfalls auch Verfolgung und Tod auf sich zu nehmen

Weinen ausbrach und von einem längst bereitgestellten Diener abgelöst werden musste. Dann kam das Essen, von dem der Impresario dem Hungerkünstler während eines ohnmachtähnlichen Halbschlafes ein wenig einflößte, unter lustigem Plaudern, das die Aufmerksamkeit vom Zustand des Hungerkünstlers ablenken sollte; dann wurde noch ein Trinkspruch auf das Publikum ausgebracht, welcher dem Impresario angeblich vom Hungerkünstler zugeflüstert worden war; das Orchester bekräftigte alles durch einen großen Tusch, man ging auseinander, und niemand hatte das Recht, mit dem Gesehenen unzufrieden zu sein, niemand, nur der Hungerkünstler, immer nur er.

So lebte er mit regelmäßigen kleinen Ruhepausen viele Jahre, in scheinbarem Glanz von der Welt geehrt, bei alledem aber meist in trüber Laune, die immer noch trüber wurde dadurch, dass niemand sie ernst zu nehmen verstand. Womit sollte man ihn auch trösten? Was blieb ihm zu wünschen übrig? Und wenn sich einmal ein Gutmütiger fand, der ihn bedauerte und ihm erklären wollte, dass seine Traurigkeit wahrscheinlich von dem Hungern käme, konnte es, besonders bei vorgeschrittener Hungerzeit, geschehn, dass der Hungerkünstler mit einem Wutausbruch antwortete und zum Schrecken aller wie ein Tier an dem Gitter zu rütteln begann. Doch hatte für solche Zustände der Impresario ein Strafmittel, das er gern anwandte. Er entschuldigte den Hungerkünstler vor versammeltem Publikum, gab zu, dass nur die durch das Hungern hervorgerufene, für satte Menschen nicht ohne weiteres begreifliche Reizbarkeit das Benehmen des Hungerkünstlers verzeihlich machen könne; kam dann im Zusammenhang damit auch auf die ebenso zu erklärende Behauptung des Hungerkünstlers zu sprechen, er könnte noch viel länger hungern, als er hungere; lobte das hohe Streben, den guten Willen, die große Selbstverleugnung, die gewiss auch in dieser Behauptung enthalten seien; suchte dann aber die Behauptung einfach genug durch Vorzeigen von Fotografien, die gleichzeitig verkauft wurden, zu widerlegen, denn auf den Bildern sah man den Hungerkünstler an einem vierzigsten Hungertag, im Bett, fast verlöscht vor Entkräftung. Diese dem Hungerkünstler zwar wohlbekannte, immer aber von Neuem ihn entnervende Verdrehung der

Wahrheit war ihm zu viel. Was die Folge der vorzeitigen Beendigung des Hungerns war, stellte man hier als die Ursache dar! Gegen diesen Unverstand, gegen die Welt des Unverstandes zu
kämpfen, war unmöglich. Noch hatte er immer wieder in gutem
5 Glauben begierig am Gitter dem Impresario zugehört, beim Er-
scheinen der Fotografien aber ließ er das Gitter jedes Mal los,
sank mit Seufzen ins Stroh zurück und das beruhigte Publikum
konnte wieder herankommen und ihn besichtigen.

Wenn die Zeugen solcher Szenen ein paar Jahre später daran zu-
10 rückdachten, wurden sie sich oft selbst unverständlich. Denn inzwischen war jener erwähnte Umschwung eingetreten; fast plötzlich war das geschehen; es mochte tiefere Gründe haben, aber
wem lag daran, sie aufzufinden; jedenfalls sah sich eines Tages
der verwöhnte Hungerkünstler von der vergnügungssüchtigen
15 Menge verlassen, die lieber zu anderen Schaustellungen strömte.
Noch einmal jagte der Impresario mit ihm durch halb Europa um
zu sehen, ob sich nicht noch hie und da das alte Interesse wieder-
fände; alles vergeblich; wie in einem geheimen Einverständnis
hatte sich überall geradezu eine Abneigung gegen das Schauhun-
20 gern ausgebildet. Natürlich hatte das in Wirklichkeit nicht plötzlich so kommen können, und man erinnerte sich jetzt nachträglich an manche zu ihrer Zeit im Rausch der Erfolge nicht genügend beachtete, nicht genügend unterdrückte Vorboten, aber jetzt
etwas dagegen zu unternehmen, war zu spät. Zwar war es sicher,
25 dass einmal auch für das Hungern wieder die Zeit kommen werde, aber für die Lebenden war das kein Trost. Was sollte nun der
Hungerkünstler tun? Der, welchen Tausende umjubelt hatten,
konnte sich nicht in Schaubuden auf kleinen Jahrmärkten zeigen, und um einen andern Beruf zu ergreifen, war der Hunger-
30 künstler nicht nur zu alt, sondern vor allem dem Hungern allzu
fanatisch ergeben. So verabschiedete er denn den Impresario,
den Genossen einer Laufbahn ohnegleichen, und ließ sich von
einem großen Zirkus engagieren; um seine Empfindlichkeit zu
schonen, sah er die Vertragsbedingungen gar nicht an.

35 Ein großer Zirkus mit seiner Unzahl von einander immer wieder
ausgleichenden und ergänzenden Menschen und Tieren und Ap-
paraten kann jeden und zu jeder Zeit gebrauchen, auch einen

Hungerkünstler, bei entsprechend bescheidenen Ansprüchen natürlich, und außerdem war es ja in diesem besonderen Fall nicht nur der Hungerkünstler selbst, der engagiert wurde, sondern auch sein alter berühmter Name, ja man konnte bei der Eigenart
5 dieser im zunehmenden Alter nicht abnehmenden Kunst nicht einmal sagen, dass ein ausgedienter, nicht mehr auf der Höhe seines Könnens stehender Künstler sich in einen ruhigen Zirkusposten flüchten wolle, im Gegenteil, der Hungerkünstler versicherte, dass er, was durchaus glaubwürdig war, ebenso gut hun-
10 gere wie früher, ja er behauptete sogar, er werde, wenn man ihm seinen Willen lasse, und dies versprach man ihm ohne weiteres, eigentlich erst jetzt die Welt in berechtigtes Erstaunen setzen, eine Behauptung allerdings, die mit Rücksicht auf die Zeitstimmung, welche der Hungerkünstler im Eifer leicht vergaß, bei den
15 Fachleuten nur ein Lächeln hervorrief.
Im Grunde aber verlor auch der Hungerkünstler den Blick für die wirklichen Verhältnisse nicht und nahm es als selbstverständlich hin, dass man ihn mit seinem Käfig nicht etwa als Glanznummer mitten in die Manege stellte, sondern draußen an einem im Üb-
20 rigen recht gut zugänglichen Ort in der Nähe der Stallungen unterbrachte. Große, bunt gemalte Aufschriften umrahmten den Käfig und verkündeten, was dort zu sehen war. Wenn das Publikum in den Pausen der Vorstellung zu den Ställen drängte um die Tiere zu besichtigen, war es fast unvermeidlich, dass es beim
25 Hungerkünstler vorüberkam und ein wenig dort Halt machte, man wäre vielleicht länger bei ihm geblieben, wenn nicht in dem schmalen Gang die Nachdrängenden, welche diesen Aufenthalt auf dem Weg zu den ersehnten Ställen nicht verstanden, eine längere ruhige Betrachtung unmöglich gemacht hätten. Dieses war
30 auch der Grund, warum der Hungerkünstler vor diesen Besuchszeiten, die er als seinen Lebenszweck natürlich herbeiwünschte, doch auch wieder zitterte. In der ersten Zeit hatte er die Vorstellungspausen kaum erwarten können; entzückt hatte er der sich heranwälzenden Menge entgegengesehn, bis er sich nur zu bald
35 – auch die hartnäckigste, fast bewusste Selbsttäuschung hielt den Erfahrungen nicht stand – davon überzeugte, dass es zumeist der Absicht nach, immer wieder, ausnahmslos, lauter Stallbesucher

waren. Und dieser Anblick von der Ferne blieb noch immer der
schönste. Denn wenn sie bis zu ihm herangekommen waren,
umtobte ihn sofort Geschrei und Schimpfen der ununterbrochen
neu sich bildenden Parteien, jener, welche – sie wurde dem Hun-
5 gerkünstler bald die peinlichere – ihn bequem ansehen wollte,
nicht etwa aus Verständnis, sondern aus Laune und Trotz, und
jener zweiten, die zunächst nur nach den Ställen verlangte. War
der große Haufe vorüber, dann kamen die Nachzügler, und diese
allerdings, denen es nicht mehr verwehrt war stehen zu bleiben,
10 solange sie nur Lust hatten, eilten mit langen Schritten, fast ohne
Seitenblick, vorüber, um rechtzeitig zu den Tieren zu kommen.
Und es war kein allzu häufiger Glücksfall, dass ein Familienvater
mit seinen Kindern kam, mit dem Finger auf den Hungerkünstler zeigte, ausführlich erklärte, um was es sich hier handelte, von
15 früheren Jahren erzählte, wo er bei ähnlichen, aber unvergleich-
lich großartigeren Vorführungen gewesen war, und dann die Kinder, wegen ihrer ungenügenden Vorbereitung von Schule und
Leben her, zwar immer noch verständnislos blieben – was war
ihnen Hungern? – aber doch in dem Glanz ihrer forschenden
20 Augen etwas von neuen, kommenden, gnädigeren Zeiten verrie-
ten. Vielleicht, so sagte sich der Hungerkünstler dann manchmal,
würde alles doch ein wenig besser werden, wenn sein Standort
nicht gar so nahe bei den Ställen wäre. Den Leuten wurde dadurch die Wahl zu leicht gemacht, nicht zu reden davon, dass ihn
25 die Ausdünstungen der Ställe, die Unruhe der Tiere in der Nacht,
das Vorübertragen der rohen Fleischstücke für die Raubtiere, die
Schreie bei der Fütterung sehr verletzten und dauernd bedrückten. Aber bei der Direktion vorstellig zu werden wagte er nicht;
immerhin verdankte er ja den Tieren die Menge der Besucher,
30 unter denen sich hie und da auch ein für ihn Bestimmter finden
konnte, und wer wusste, wohin man ihn verstecken würde, wenn
er an seine Existenz erinnern wollte und damit auch daran, dass
er, genau genommen, nur ein Hindernis auf dem Weg zu den
Ställen war.
35 Ein kleines Hindernis allerdings, ein immer kleiner werdendes
Hindernis. Man gewöhnte sich an die Sonderbarkeit, in den heutigen Zeiten Aufmerksamkeit für einen Hungerkünstler bean-

spruchen zu wollen, und mit dieser Gewöhnung war das Urteil
über ihn gesprochen. Er mochte so gut hungern, als er nur konnte, und er tat es, aber nichts konnte ihn mehr retten, man ging an
ihm vorüber. Versuche, jemandem die Hungerkunst zu erklären!
5 Wer es nicht fühlt, dem kann man es nicht begreiflich machen.
Die schönen Aufschriften wurden schmutzig und unleserlich,
man riss sie herunter, niemandem fiel es ein, sie zu ersetzen; das
Täfelchen mit der Ziffer der abgeleisteten Hungertage, das in der
ersten Zeit sorgfältig täglich erneut worden war, blieb schon
10 längst immer das gleiche, denn nach den ersten Wochen war das
Personal selbst dieser kleinen Arbeit überdrüssig geworden; und
so hungerte zwar der Hungerkünstler weiter, wie er es früher einmal erträumt hatte, und es gelang ihm ohne Mühe ganz so, wie er
es damals vorausgesagt hatte, aber niemand zählte die Tage, nie-
15 mand, nicht einmal der Hungerkünstler selbst wusste, wie groß
die Leistung schon war, und sein Herz wurde schwer. Und wenn
einmal in der Zeit ein Müßiggänger stehen blieb, sich über die
alte Ziffer lustig machte und von Schwindel sprach, so war das in
diesem Sinn die dümmste Lüge, welche Gleichgültigkeit und ein-
20 geborene Bösartigkeit erfinden konnte, denn nicht der Hungerkünstler betrog, er arbeitete ehrlich, aber die Welt betrog ihn um
seinen Lohn.
Doch vergingen wieder viele Tage, und auch das nahm ein Ende.
Einmal fiel einem Aufseher der Käfig auf, und er fragte die Die-
25 ner, warum man hier diesen gut brauchbaren Käfig mit dem verfaulten Stroh drinnen unbenützt stehen lasse; niemand wusste
es, bis sich einer mithilfe der Ziffertafel an den Hungerkünstler
erinnerte. Man rührte mit Stangen das Stroh auf und fand den
Hungerkünstler darin. „Du hungerst noch immer?", fragte der
30 Aufseher, „wann wirst du denn endlich aufhören?", „Verzeiht mir
alle", flüsterte der Hungerkünstler; nur der Aufseher, der das Ohr
ans Gitter hielt, verstand ihn. „Gewiss", sagte der Aufseher und
legte den Finger an die Stirn, um damit den Zustand des Hungerkünstlers dem Personal anzudeuten, „wir verzeihen dir." „Immer-
35 fort wollte ich, dass ihr mein Hungern bewundert", sagte der
Hungerkünstler. „Wir bewundern es auch", sagte der Aufseher
entgegenkommend. „Ihr solltet es aber nicht bewundern", sagte

der Hungerkünstler. „Nun, dann bewundern wir es also nicht",
sagte der Aufseher, „warum sollen wir es denn nicht bewundern?"
„Weil ich hungern muss, ich kann nicht anders", sagte der Hungerkünstler. „Da sieh mal einer", sagte der Aufseher, „warum
kannst du denn nicht anders?" „Weil ich", sagte der Hungerkünstler, hob das Köpfchen ein wenig und sprach mit wie zum Kuss
gespitzten Lippen gerade in das Ohr des Aufsehers hinein, damit
nichts verloren ginge, „weil ich nicht die Speise finden konnte, die
mir schmeckt. Hätte ich sie gefunden, glaube mir, ich hätte kein
Aufsehen gemacht und mich voll gegessen wie du und alle." Das
waren die letzten Worte, aber noch in seinen gebrochenen Augen
war die feste, wenn auch nicht mehr stolze Überzeugung, dass er
weiter hungere.

„Nun macht aber Ordnung!", sagte der Aufseher, und man be-
grub den Hungerkünstler samt dem Stroh. In den Käfig aber gab
man einen jungen Panther. Es war eine selbst dem stumpfsten
Sinn fühlbare Erholung, in dem so lange öden Käfig dieses wilde
Tier sich herumwerfen zu sehn. Ihm fehlte nichts. Die Nahrung,
die ihm schmeckte, brachten ihm ohne langes Nachdenken die
Wächter; nicht einmal die Freiheit schien er zu vermissen; dieser
edle, mit allem Nötigen bis knapp zum Zerreißen ausgestattete
Körper schien auch die Freiheit mit sich herumzutragen; irgendwo im Gebiss schien sie zu stecken; und die Freude am Leben
kam mit derart starker Glut aus seinem Rachen, dass es für die
Zuschauer nicht leicht war, ihr standzuhalten. Aber sie überwanden sich, umdrängten den Käfig und wollten sich gar nicht fort-
rühren.

Anhang

Franz Kafka (1883–1924)

1. Kafkas Lebensstationen

Kafkas Vater, Hermann Kafka

Julie Kafka, geb. Löwy, Franz Kafkas Mutter

Franz Kafka wurde am 3. Juli1883 als ältestes Kind des Kaufmanns
Hermann Kafka und seiner Frau Julie in Prag geboren. Der Vater,
Sohn eines Fleischers, war wenige Jahre zuvor aus einer kleinen jüdischen Gemeinde in der südböhmischen Provinz Osek nach Prag
5 gekommen, hatte die Brauerstochter Julie Löwy geheiratet und sich
erfolgreich als Galanteriewarenhändler mit dem Verkauf von Stö-
cken, Schirmen, Zwirn, Modeartikeln und Kurzwaren etabliert.
Der gesellschaftliche und ökonomische Aufstieg der Familie Kafka
ging einher mit verschiedenen Umzügen in größere Wohnräume
10 und der Ausdehnung von Haushalt und Geschäft. Der Erstgebore-
ne musste sich oft an eine neue Umgebung und wechselnde Be-

zugspersonen gewöhnen: Da
die Eltern tagsüber im Geschäft
tätig waren, überließen sie Gou-
vernanten, Dienstmädchen und
5 der Köchin einen Teil der Erzie-
hungsverantwortung. In Kafkas
autobiografischen Texten über
die Erinnerungen an seine Kindheit wird deutlich, dass die
10 Strenge und das cholerische
Wesen des Vaters besonderen
Eindruck auf den einzigen Sohn
machten. Aber Hermann Kafka
als ein Tatmensch erreichte es
15 auch, die gesellschaftliche und
materielle Situation der Familie
durch harte Arbeit kontinuier-
lich zu heben.

Franz Kafka bekam noch drei
20 Schwestern: 1889 wurde Gabrie-   Franz und seine Schwester Ottla
le, genannt Elli, geboren, es folgten ein Jahr später Valerie, genannt
Valli, und 1892 Ottilie, genannt Ottla. Den Eltern war es wichtig,
auch den Kindern zu ermöglichen, einen Platz in der Gesellschaft
und soziale Anerkennung zu erlangen. Da der deutsche Mittel-
25 stand innerhalb der Prager Gesellschaft eine privilegierte Schicht
bildete, schickten sie sie auf deutschsprachige Schulen. Franz Kafka besuchte von 1893 bis 1901 das k.u.k. Staatsgymnasium in der
Prager Innenstadt und machte dort sein Abitur.

Anschließend plante er – seiner damals schon starken Sehnsucht
30 nach Literatur folgend –, zunächst Germanistik zu studieren, ent-
schied sich dann jedoch für Jura. In seiner Universitätszeit lernte er
seinen lebenslangen Freund Max Brod kennen und schrieb erste
Prosastücke.

Nach dem Abschluss der juristischen Promotion erhielt er eine
35 Stelle bei der „Assicuranzioni Generali", dann bei der Arbeiter-
Unfall-Versicherungs-Anstalt für das Königreich Böhmen in Prag,
wo er bis zu seiner Pensionierung blieb.

Für das reiche kulturelle Leben Prags interessierte er sich sehr und nahm an Diskussionszirkeln, Parteiversammlungen sowie Vortrags- und Theaterabenden teil. Mit seinem Bildungsgrad und seinem intellektuellen Interesse gehörte er schon bald zur geistigen
5 Elite seiner Heimatstadt. Besonderen Eindruck machte auf Kafka, der zwar Jude war, in dessen Familie religiöse Traditionen aber nur eine marginale Rolle spielten, die Begegnung mit einer ostjüdischen „Jargontruppe". Diese führte jiddische Theaterstücke auf und weckte damit Kafkas Interesse am schon für ihn verloren ge-
10 glaubten Judentum. Mit einem der Schauspieler, Jizchack Löwy, verband Kafka schließlich eine Freundschaft, die seinem Vater nicht gefiel. Dieser sah auf die Ostjuden herab, weil er sie für rückständig hielt. Im Streitgespräch mit seinem Sohn ging er so weit, dessen Freund Löwy mit einer Wanze zu vergleichen.
15 Obwohl Kafka grundsätzlich den väterlichen Geschäftsinteressen reserviert gegenüberstand und viel Zeit, Kraft und Energie in die Literatur investierte, waren ihm doch die Schwierigkeiten, in denen sich das Geschäft der Familie im Jahre 1911 befand, nicht gleichgültig. Im Gegenteil, er gab dem Willen der Eltern nach und beteiligte
20 sich als Gesellschafter an der Asbestfabrik seines Schwagers Karl Hermann. Sehr bald schon bereute er diesen Schritt, denn er befürchtete negative Konsequenzen für sein Schreiben, wenn er dort Zeit und Energie investieren müsste. Sein mangelndes Engagement in der Fabrik wurde schnell zu einem ständig präsenten The-
25 ma in der Familie, sodass er sich verschiedensten Anschuldigungen und Vorwürfen ausgesetzt sah. Besonders schwer wurde für ihn der familiäre Konflikt, als sogar seine Lieblingsschwester Ottla in dieser Angelegenheit ihren Eltern beipflichtete und somit Kafka mit seiner Meinung allein stand. Schuldgefühle entstanden aber
30 auch, weil er einen inneren Widerstand dagegen spürte, als Firmeninhaber an der Ausbeutung der dort arbeitenden Menschen beteiligt zu sein. Kafka empfand seine Lebenssituation zu jener Zeit als besonders bedrängend.
Gleichwohl war die Folgezeit im Hinblick auf seine literarische Ent-
35 wicklung äußerst fruchtbar. 1912 lernte er im Hause seines Freundes Max Brod die Berlinerin Felice Bauer kennen, seine spätere Verlobte, und begann eine intensive briefliche Korrespondenz. Daneben ent-

stand in einer einzigen Nacht die erste große Erzählung „Das Urteil", die er ihr widmete und die in seinen Augen den Durchbruch als Schriftsteller bedeutet. Im selben Jahr schrieb er zudem „Die Verwandlung" und Teile für den Roman „Der Verschollene". Die Beziehung zu Felice gestaltete sich als sehr kompliziert, da er gleichzeitig Angst vor und Sehnsucht nach dem Leben mit einer Ehefrau empfand. In den Briefen an sie zeigte er sich hin- und her-gerissen und bat sie mal um Intensivierung und mal – um ihret-willen besorgt und sich selbst als

Franz Kafka und Felice Bauer

lebens- und eheuntüchtig anklagend – um Auflösung ihrer Beziehung. 1914 kam es zu einer ersten Verlobung, welche er jedoch schon vier Wochen später bei einem Treffen in Berlin wieder löste. In den Folgemonaten begann er seine Arbeit am Roman „Der Prozess" und an der Erzählung „In der Strafkolonie".

Privat kam es zu einem Wiedersehen mit Felice, mit der er dann 1915 Ferien in Marienbad verbrachte. Die Versöhnung mit ihr sowie die Möglichkeit, ab November 1916 in einem von der Schwester Ottla gemieteten Häuschen schreiben zu können, erwies sich als günstig: Es entstanden fast alle Erzählungen des 1920 veröffentlichten Sammelbandes „Ein Landarzt".

Auch Kafkas zweite Verlobung mit Felice im selben Jahr endete schnell: Wenige Wochen danach erlitt er einen Blutsturz, ein Symptom der ausbrechenden Lungentuberkulose, an der er später schließlich sterben sollte. Die dunkle Ahnung, dass er nicht wieder ganz gesund würde, teilte er ihr mit und begründete damit eine endgültige Trennung.

Obwohl ihn die gescheiterten Heiratsversuche mit Felice quälten, verliebte er sich während einer Kur in Schelesen (Tschechien) im Herbst 1918 in die 28-jährige Tochter eines Prager Schuhmachers und Gemeindedieners namens Julie Wohryzek. Trotz der offenen Missbilligung seines Vaters verlobte er sich im Folgejahr mit ihr, kam dann jedoch ins Zweifeln und löste die Verlobung wieder. Die Zeit eines weiteren Kuraufenthalts nutzte er, um sich gedanklich mit der angespannten und ihn nicht loslassenden Beziehung zu seinem Vater auseinanderzusetzen. Es entstand der „Brief an den Vater", in welchem er sich intensiv und anklagend mit den eigenen Kindheitserfahrungen und deren Folgen für sein Denken und Handeln auseinandersetzte. Kafka schickte den Brief jedoch niemals ab, sodass er seinen eigentlichen Empfänger nicht erreichte.

Bis zu seiner krankheitsbedingten Pensionierung 1922 arbeitete Kafka weiterhin – unterbrochen durch zahlreiche Sanatoriumsaufenthalte – in der Arbeiter-Unfall-Versicherungsanstalt. Widrige äußere Umstände zwangen ihn, wieder bei seinen Eltern im Oppelthaus in Prag zu leben. Dort entstanden Teile des Romans „Das Schloss" und weitere Erzählungen.

1920 intensivierte sich die Beziehung zu Milena Jesenská, die er im Oktober des Vorjahres flüchtig in einem Café in Prag kennen-

Milena Jesenská

gelernt hat. Diese wollte sich als Journalistin eine von ihrem Ehemann Oskar Pollak unabhängige Existenz aufbauen und bat um die Erlaubnis, Kafkas Erzählungen ins Tschechische zu übersetzen. Ein intensiver Briefwechsel zwischen beiden begann. Seine Briefpartnerin teilte seine intellektuellen Interessen, sodass beide die geistige Tätigkeit des anderen gespannt verfolgten. In einer nie zuvor gekannten Offenheit äußerte er sich ihr gegenüber zudem zu seiner tiefen Angst vor dem Leben. Trotz des gegenseitigen Vertrauens schreckte Kafka vor einem dauerhaften Zusammensein mit ihr zurück, vertraute ihr jedoch einige seiner Werke, darunter den „Brief an den Vater", und sogar seine Tagebücher an.

Die letzte Frau in seinem Leben, eine knapp 20 Jahre alte Ostjüdin namens Dora Diamant, lernte er in den Ferien in Müritz an der Ostsee kennen, die er mit seiner Schwester Ottla und deren Kindern verbrachte. Aus Polen geflüchtet, arbeitete sie dort als Helferin in der Kinderkolonie des Berliner Jüdischen Volksheims. Nach der beginnenden Freundschaft folgte der Entschluss, gemeinsam eine Wohnung in Berlin zu beziehen, wo Kafka ab September 1923 – mittlerweile schwer krank – weiter als freier Schriftsteller arbeitete. Einer Heirat mit ihr stand das „Nein" ihres Vaters entgegen, das das Liebespaar akzeptierte.

Kafkas sich weiter verschlechternde Gesundheit beeinträchtigte das dennoch weiterhin glückliche Zusammenleben und zwang ihn, im Jahr 1924 nach Prag zurückzukehren, um von dort aus in das Sanatorium Wiener Wald in Niederösterreich zu gehen. Da die Untersuchung eine Ausweitung der Tuberkulose auf den Kehlkopf zeigte, brachte Dora Diamant den Kranken nach Kierling bei Klosterneuburg in eine ländliche Umgebung und kümmerte sich gemeinsam mit dessen ärztlichem Berater und Freund Robert Klopstock um ihn. Am 3. Juni 1924, einen Monat vor seinem 41. Geburtstag, starb Franz Kafka.

Seine Werke wurden posthum von seinem Freund Max Brod veröffentlicht. Dieser machte sich die Mühe, unzählige Manuskriptseiten und Hefte zu sortieren, zusammenzufügen und z.T. auch geringfügig zu ergänzen. Damit widersetzte er sich dem ausdrücklichen Wunsch seines Freundes, seine Werke bis auf wenige Ausnahmen zu vernichten.

Der Freund und Nachlassverwalter Max Brod

2. Dokumente zur Entstehungs- und Druckgeschichte

„Von der Literatur aus gesehen ist mein Schicksal sehr einfach. Der Sinn für die Darstellung meines traumhaften innern Lebens hat alles andere ins Nebensächliche gerückt und es ist in einer schrecklichen Weise verkümmert und hört nicht auf zu verkümmern.
5 Nichts anderes kann mich jemals zufriedenstellen." (Franz Kafka in einem Tagebucheintrag vom 6. August 1914).

Wie kaum jemand vor oder nach ihm hat Franz Kafka dem Schreiben und der Literatur eine geradezu existenzielle Bedeutung zugeschrieben und sein Leben auf nur dieses Eine hin ausgerichtet. Neben den fiktio-
10 *nalen Texten existiert eine wahre Flut von autobiografischen Texten wie etwa Tagebücher und Briefe. Sie zeigen einen Menschen, der sich vor allem schriftlich mit sich selbst, dem von ihm Erlebten und den ihm bekannten Menschen auseinandersetzt und auch hierin eine nur schwer zu vergleichende sprachliche Kunstfertigkeit erreicht. Seine*
15 *schriftliche Korrespondenz während der Entstehungszeit der Erzählung „Die Verwandlung" dokumentiert beinahe minutiös seinen Schaffensprozess und hilft, ein Licht auf die Besonderheiten des Kafka'schen Schreibens zu werfen.*

Briefe an Felice Bauer

20 *Kafka schreibt seiner in Berlin lebenden Verlobten Felice Bauer, die er im Hause seines Freundes Max Brod kennengelernt hat, beinahe täglich, an man-*
chen Tagen sogar
mehrmals Briefe.
25 *Auf diesem schriftli-*
chen Weg nähert er
sich seiner Freundin
an und versucht, ihr
so sein Leben und
30 *sein Wesen offen zu*
legen. Vor realen Be-
gegnungen und ei-

Brief Kafkas an Felice Bauer

ner ehelichen Verbindung schreckt er jedoch, sosehr er sich ebendiese zu
wünschen scheint, zurück. Er begründet seinen inneren Zwiespalt mit
seiner unbedingten Liebe zur Literatur, die er durch die Bedürfnisse ei-
ner potenziellen Ehepartnerin bedroht sieht. Sein Verhalten bestätigt
dieses innere Hin- und Hergerissensein, denn er ver- und entlobt sich
5 *zwei Mal mit Felice und empfindet darüber tiefe Verzweiflung und*
Schuldgefühle.

Prag, 17. XI. 1912

Ich werde dir übrigens heute wohl noch schreiben, wenn ich auch
10 noch heute viel herumlaufen muss und eine kleine Geschichte nie-
derschreiben werde, die mir in dem Jammer im Bett eingefallen ist
und mich innerlichst bedrängt.

Prag, 18. XI. 1912

Meine Liebste, es ist ½ 2 nachts, die angekündigte Geschichte ist
15 bei Weitem noch nicht fertig, am Roman [Amerika] ist heute keine
Zeile geschrieben worden, ich gehe mit wenig Begeisterung ins
Bett. Hätte ich die Nacht frei, um sie, ohne die Feder abzusetzen,
durchschreiben zu können bis zum Morgen! Es sollte eine schöne
Nacht werden.

20 Prag, 18. XI. 1912

Gerade setzte ich mich zu meiner gestrigen Geschichte mit einem
unbegrenzten Verlangen, mich in sie auszugießen, deutlich von
aller Trostlosigkeit aufgestachelt. Von so vielem bedrängt, über
Dich im Ungewissen, gänzlich unfähig, mit dem Bureau[1] auszu-
25 kommen, angesichts dieses seit einem Tag stillstehenden Romans
[Amerika] mit einem wilden Wunsch, die neue, gleichfalls mahnen-
de Geschichte fortzusetzen, seit einigen Tagen und Nächten be-
denklich nahe an vollständiger Schlaflosigkeit und noch einiges
weniger Wichtige, aber doch Störende und Aufregende im Kopf
[...].

---

[1] Gemeint ist die Arbeiter-Unfall-Versicherungsanstalt, in welcher Kafka als
Beamter tätig war.

Prag, 23. XI. 1912

Es ist schon sehr spät in der Nacht, ich habe meine kleine Geschichte weggelegt, an der ich allerdings schon zwei Abende gar nichts gearbeitet habe und die sich in der Stille zu einer größeren
5 Geschichte auszuwachsen beginnt. Zum Lesen sie Dir geben, wie soll ich das? Selbst wenn sie schon fertig wäre? Sie ist recht unleserlich geschrieben und selbst wenn das kein Hindernis wäre, denn ich habe Dich gewiss bisher durch schöne Schrift nicht verwöhnt, so will ich Dir auch nichts zum Lesen schicken. Vorlesen
10 will ich dir. Ja, das wäre schön, diese Geschichte Dir vorzulesen und dabei gezwungen zu sein, Deine Hand zu halten, denn die Geschichte ist ein wenig fürchterlich. Sie heißt „Verwandlung", sie würde dir tüchtig Angst machen und Du würdest vielleicht für die ganze Geschichte danken, denn Angst ist es ja, die ich Dir in mei-
15 nen Briefen leider täglich machen muss. [...] Dem Helden meiner kleinen Geschichte ist es aber auch heute gar zu schlecht ergangen und dabei ist es nur die letzte Staffel seines jetzt dauernd werdenden Unglücks.

Prag, 24. XI. 1912

20 Liebste! Was ist das doch für eine ausnehmend ekelhafte Geschichte, die ich jetzt wieder beiseitelege, um mich in den Gedanken an Dich zu erholen. Sie ist jetzt schon ein Stück über die Hälfte fortgeschritten und ich bin auch im Allgemeinen mit ihr nicht unzufrieden, aber ekelhaft ist sie grenzenlos und solche Dinge, siehst Du,
25 kommen aus dem gleichen Herzen, in dem Du wohnst und das Du als Wohnung duldest. Sei darüber nicht traurig, denn, wer weiß, je mehr ich schreibe und je mehr ich mich befreie, desto reiner und würdiger werde ich vielleicht für Dich, aber sicher ist noch vieles aus mir hinauszuwerfen und die Nächte können gar nicht lang ge-
30 nug sein für dieses übrigens äußerst wollüstige Geschäft.

Prag, 1. XII. 1912

[...] ich bin jetzt endlich bei meiner kleinen Geschichte ein wenig ins Feuer geraten, das Herz will mich mit Klopfen weiter in sie hineintreiben, ich aber muss versuchen, mich so gut es geht aus ihr herauszubringen, und weil das eine schwere Arbeit sein wird und

Stunden vergehen werden, ehe der Schlaf kommt, muss ich mich
beeilen, ins Bett zu gehen.

Prag, 3. XII. 1912

Meine Geschichte würde mich nicht schlafen lassen, Du bringst
5 mir mit den Träumen den Schlaf.

Prag, 4.-5. XII. 1912

Ach, Liebste, unendlich Geliebte, für meine kleine Geschichte ist es
nun wirklich schon zu spät, so wie ich es mit Furcht geahnt habe,
unvollendet wird sie bis morgen Nacht zum Himmel starren. [...]

10 Prag, vom 5. zum 6. XII. 1912

Weine, Liebste, weine, jetzt ist die Zeit des Weinens da! Der Held
meiner kleinen Geschichte ist vor einer Weile gestorben. Wenn es
dich tröstet, so erfahre, dass er genug friedlich und mit allen aus-
gesöhnt gestorben ist. Die Geschichte selbst ist noch nicht ganz
15 fertig, ich habe keine rechte Lust mehr für sie und lasse den Schluss
bis morgen. Es ist auch schon sehr spät und ich hatte genug zu
tun, die gestrige Störung zu überwinden. Schade, dass in manchen
Stellen der Geschichte deutlich meine Ermüdungszustände und
sonstige Unterbrechungen und nicht dazugehörige Sorgen einge-
20 zeichnet sind, sie hätte gewiss reiner gearbeitet werden können,
gerade an den süßen Seiten sieht man das. Das ist eben das ewig
bohrende Gefühl; ich selbst, ich mit den gestaltenden Kräften, die
ich in mir fühle, ganz abgesehen von ihrer Stärke und Ausdauer,
hätte bei günstigern Lebensumständen eine reinere, schlagendere,
25 organisiertere Arbeit fertiggebracht als die, die jetzt vorliegt.

Prag, vom 6. zum 7. XII. 1912

Liebste, also höre, meine kleine Geschichte ist beendet, nur macht
mich der heutige Schluss gar nicht froh, er hätte schon besser sein
dürfen, das ist kein Zweifel.

Ein Brief an den Verleger Kurt Wolff

Prag, am 25. Oktober 1915

Sie schrieben letzthin, dass Ottomar Starke[1] ein Titelblatt zur Verwandlung zeichnen wird. Nun habe ich einen kleinen, allerdings [...] wahrscheinlich sehr überflüssigen Schrecken bekommen. Es
5 ist mir nämlich, da Starke doch tatsächlich illustriert, eingefallen, er könnte etwa das Insekt selbst zeichnen wollen. Das nicht, bitte das nicht! Ich will seinen Machtkreis nicht einschränken, sondern nur aus meiner natürlicherweise bessern Kenntnis der Geschichte heraus bitten. Das Insekt selbst kann nicht gezeichnet werden. Es
10 kann aber nicht einmal von der Ferne aus gezeigt werden. Besteht eine solche Absicht nicht und wird meine Bitte also lächerlich – desto besser. Für die Vermittlung und Bekräftigung meiner Bitte wäre ich Ihnen sehr dankbar. Wenn ich für eine Illustration selbst Vorschläge machen dürfte, würde ich Szenen wählen, wie: die El-
15 tern und der Prokurist vor der geschlossenen Tür oder noch besser die Eltern und die Schwestern im beleuchteten Zimmer, während die Tür zum ganz finstern Nebenzimmer offen steht.

Aus: Franz Kafka: Über das Schreiben. Hg.v. Erich Heller und Joachim Beug. Frankfurt. a.M. 1983, S. 51ff.

---

[1] Grafiker und Buchillustrator

Titelbild zur Erstausgabe

3. Ausgewählte Dokumente zur Rezeptionsgeschichte

Kafkas Erzählung „Die Verwandlung" gilt heute neben seinem Roman-fragment „Der Prozess" als der wohl am häufigsten rezipierte Text des Autors und damit als maßgeblich für dessen hohen literarischen Rang. Zu Kafkas Lebzeiten sah dies noch nicht danach aus, denn es gab nur wenige Besprechungen und Würdigungen seiner „kleinen Geschichte". Damit erging es dem Text ähnlich wie dem Autor selbst, der zwar in engen literarischen Kreisen einen Namen hatte, der breiten Öffentlich-keit jedoch nahezu unbekannt war. Postum jedoch war das Gegenteil der Fall, sodass es heute eine kaum überschaubare Anzahl an Bearbei-tungen und Interpretationen gibt.

Die folgenden Medien zeigen nur eine kleine Auswahl dieser Versuche, sich auf andere Weise der Erzählung zu nähern, und werfen dabei ein Licht darauf, wie sie zu unterschiedlichen Zeiten und von unterschied-lichen Rezipienten wahrgenommen und gedeutet wurde.

Bilder aus der Verfilmung von Jan Nemec

Gabriele Wohmann (*1932): Ich bin kein Insekt

Ich bin kein Insekt
Aber insektenmäßig
Bin ich auf den Rücken gefallen
Meine Beine
5 Suchen den Boden in der Luft
Ich habe Glück
Ich kippe mich seitlich um
Ich befinde mich auf meinen Füßen
Ich mache Gehversuche
10 Es geht Ich gehe
Aber jemand erinnert sich an sein Spiel
Jemandem nützen meine Gehversuche
Überhaupt nichts
Jemand dessen Spiel ich verdarb
15 Legt mich ganz freundlich zurück
Das Spiel hat experimentellen Charakter
Ich bin wieder auf dem Rücken
So bin ich brauchbar
In Rückenlage bin ich einige Beobachtungen wert
20 Sofern ich mich in mein Pech schicke
Ich bin Lehrstoff
Ich diene dem Fortschritt
Mit mir kann man etwas beweisen

Aus: Gabriele Wohmann, Gesammelte Gedichte 1964–1982. Darmstadt und Neuwied: Luchterhand 1983, S. 15

Texte zur Interpretation

Hartmut Binder: Kafka: Der Schaffensprozess (Auszug)

An diesem Morgen des 17. November also lag Kafka hilflos im Bett, unfähig, es zu verlassen; auf dem Rücken vielleicht, die Beine gegen die Bettpfosten gestemmt und der fernen Briefpartnerin lange Reden haltend – diese Annahme legt jedenfalls eine Briefstelle vom
5 Januar 1913 nahe. Sicherlich eine innere Situation, die häufig das Schreiben einleitet, das als Weiterführung abgebrochener zwi-

schenmenschlicher Kontakte, als Fixierung entsprechender Realer-
fahrungen verstanden werden kann, besonders im Falle Kafkas, der
sich, gerade Felice gegenüber, schriftlich besser artikulieren konnte
als im direkten Gespräch.

5 Unter den verschiedenen bereitliegenden selbstquälerischen Möglichkeiten der Beurteilung seiner Verhältnisse setzte sich an diesem Tag das Bild des Ungeziefers durch; vielleicht weil sich der
Vater im Zusammenhang mit der Freundschaft seines Sohnes zu
Jizchak Löwy in dieser Richtung geäußert hatte, vielleicht in Erinne-
10 rung an Jensens *Ungeziefer*[1], der die Vorstellung eines Riesen-
insekts menschlicher Herkunft auf eine äußere Situation bezog,
in der sich Kafka gerade befand. Das Spiel der Intuition, aber auch
der von Kafka häufig befolgte Grundsatz, sich selbst mit den
Augen des Angreifers anzusehen, die Anschuldigungen des Geg-
15 ners sofort zu verinnerlichen, taten das Ihre, um die Identifikation
mit dem Insekt herbeizuführen, die Metapher beim Wort zu nehmen.

Wie intensiv diese Vergegenwärtigung gewesen sein muss, zeigt
eine während der Niederschrift der *Verwandlung* formulierte Brief-
20 stelle. Er wäre, heißt es da, gezwungen, Felice die Hand zu halten,
falls er ihr das Entstandene vorläse – die Geschichte sei „ein wenig
fürchterlich". In die gleiche Richtung weisen Erinnerungen Fried-
rich Thiebergers an Kafka. Thiebergers Vater hatte die *Verwandlung*,
die erst drei Jahre nach ihrer Niederschrift gedruckt wurde, gelesen
25 und machte dem Autor gegenüber ein paar darauf bezügliche Bemerkungen: „Dann wich Kafka einen Schritt zurück und sagte mit
einem erschreckenden Ernst und einem Kopfschütteln, als ob es
sich um eine wirkliche Begebenheit gehandelt hätte: ‚Das war aber
auch eine furchtbare Sache.'"

30 Die topische Formel gewinnt also selbstständiges Leben, der psychische Druck, unter dem Kafka stand, trieb seine Einbildungskraft
zur Entfaltung des Gegebenen an. Erst die Niederschrift der ihn
bedrängenden Vorstellungen half, die Spannungszustände abzu-
bauen: „schweigend leiden ist zu schwer". Erzählmöglichkeiten

---

[1] Gemeint ist das Buch von Johannes Jensen, „Das Ungeziefer", welches
Kafka wahrscheinlich kannte.

werden erkundet, im Verlauf solcher literarischer Probehandlungen finden Assoziationen zu schon bekannten Darstellungen von Insekten statt, das Verwandlungsmotiv wird eingeführt, naheliegend auch deswegen, weil Kafka sein Leben gelegentlich unter den
5 Begriff der Verwandlung stellte. [...]
Jetzt musste die endgültige Tragfähigkeit des Erzählkerns für das geplante Werk überprüft werden, indem er versuchsweise nach den lebensgeschichtlichen Strukturen organisiert wurde, deren Darstellung intendiert war. Dabei ergab sich, dass wesentliche De-
10 tails und Konstellationen, die sich als Ausdruck und Veranschaulichung eines folgerichtig entfalteten Insektendaseins ergaben, als Besonderheiten der Lebensumstände Kafkas deutbar waren, um deretwillen die Konzeption erfolgen sollte. Jedenfalls legt die fertige Erzählung nahe, eine derartige Koinzidenz schon zum Zeit-
15 punkt der Planung anzunehmen.
Wenn Kafka der Auffassung war, in seiner Familie so „locker" zu sitzen, dass er sich „von keiner Seite mit jemandem zu berühren" glaubte, dass er nicht „mitleben" konnte und schweigend als ein Fremder, meist in sein Zimmer vergraben, im Kreis seiner Angehö-
20 rigen lebte, dann passt dazu eine Verbildlichung als niederes Tier, dessen Stummheit und Menschenferne evident sind.
Wenn in seinem Zimmer nicht mehr benötigte Möbel abgestellt wurden, dann konnte man von einer Art Rumpelkammer sprechen, die in solcher Funktion auch im Erzählgang auszubringen und als
25 sozusagen natürlicher Lebensraum des Ungeziefers glaubhaft war.
Wenn sich die Unselbstständigkeit von der Familie äußerlich darin zeigte, dass man in einem Durchgangszimmer zwischen elterlichem Wohn- und Schlafzimmer lebte und die Heimatstadt als Gefängnis empfand, war ein entsprechendes Arrangement der Räu-
30 me im Handlungsgang der Erzählung zu verwenden, indem gezeigt wurde, wie der Verwandelte gleich beim Erwachen links und rechts von den Stimmen der ihn ermahnenden Angehörigen eingekreist ist, wie er später als Strafe für seine Aufsässigkeit in diesen Raum eingesperrt wird – Bild äußerster Abhängigkeit von seiner
35 Umgebung.
Wenn Kafkas fünfjährige Tätigkeit als Versicherungsangestellter, die strapaziöse Eisenbahnreisen erforderlich machte, wie er mein-

te, einen konsequenteren Charakter als ihn selbst längst zum Selbstmord getrieben hätte, dann waren diese Belastungen geeignet, Arbeitsverweigerung und Tod Gregors zu begründen, der seit fünf Jahren in der von ihm herausgesuchten Wohnung lebt und
5 ebenso lange als kleiner Kommis und gut verdienender Handlungsreisender beschäftigt ist. Der vermutete Zusammenhang wird noch durch den Umstand wahrscheinlicher, dass Kafka die Berechtigung seiner Klagen über das Büro gegenüber Felice in der gleichen Nacht verteidigte, in der er Gregors berufliche Verhältnis-
10 se dargestellt hatte.

Weil sich Erzählwelt und lebensgeschichtlicher Hintergrund des Autors so eng verschlingen, wird es nicht überraschen, dass selbst kleinste Handlungsdetails durch Autobiografisches bestimmt sind, besonders wenn dieses in den Erlebnisbereich fällt, in dem
15 die Entstehung der Geschichte zeitlich anzusetzen ist.

Aus: Hartmut Binder: Kafka: Der Schaffensprozess. Frankfurt a.M.: Suhrkamp 1982, S. 161–163

Karel Kosik[1]: *Das Jahrhundert der Grete Samsa*

Die zentrale Gestalt in Kafkas 1911 entstandener Erzählung „Die Verwandlung" ist nicht Gregor Samsa, der sich im Verlauf einer Nacht in ein „ungeheures Ungeziefer" verwandelt, sondern seine Schwester Grete. Sie greift aktiv in das Geschehen ein, ihr Handeln ist ein echter Wendepunkt der Verwandlung. Die *groteske* Verwandlung tritt in dem Augenblick ein, als Grete Samsa aufhört, in ihrem Bruder einen Menschen zu sehen, sich von Zweifeln und Unschlüssigkeit, ob er ein Mensch oder Tier sei, frei macht, als seine Gegenwart für sie unerträglich wird. In diesem Moment gibt Grete ihren Bruder auf und leugnet ihn als Menschen: Im Nebenzimmer liegt nicht mehr ihr Bruder, sondern „ein Untier". Es ist nur

---

[1] Karel Kosik (1926–2003) war ein tschechischer Philosoph, der in seinen Essays scharfe Kritik an der modernen Gesellschaft übt. Kosik wurde zur Zeit des Nationalsozialismus in das Konzentrationslager Theresienstadt verschleppt, weil er einer kommunistischen Widerstandsgruppe angehörte. Dort wurde er Zeuge der Gräueltaten und des Massenmordes der Deutschen.

logisch, dass Grete Samsa, die moderne Anti-Antigone[1], ihren Bruder nicht begräbt, sondern ihn dem Dienstmädchen überlässt, damit die Überreste „weggeschafft" werden. Hier ist nicht ein Mensch gestorben, sondern irgendein Tier verendet, krepiert, verreckt. Das Dienstmädchen sagt über den toten Gregor Samsa: „[...] es ist krepiert, da liegt es, ganz und gar krepiert!"

Wenn die Beziehungen zwischen den Menschen so weit entmenschlicht sind, dass sie sich gegenseitig für lästiges Ungeziefer halten, wäre es grotesk, wenn die Überreste dieser Menschen-Nichtmenschen, die menschlichen Ungeziefer begraben würden, denn ihrem Zustand, d.h. ihrer grotesken Verwandlung „entspricht" es, dass kein Trauerzeremoniell ausgerichtet werden kann, sie werden mit banalen Gerätschaften, mit Besen, Kehrschaufel und Wischlappen ohne großes Aufsehen beseitigt werden. „Es" und „krepieren" – das sind die entsprechenden Ausdrücke für diese groteske Verwandlung.

Da aber die Menschen auch in nichtmenschlicher Gestalt mit Bewusstsein und Sprache ausgestattet sind, müssen sie ihr Handeln irgendwie rechtfertigen – vor sich und anderen. Grete Samsa, die Anti-Antigone der modernen Zeit, denkt laut nach: Gregor Samsa ist nicht mehr Bruder noch Mensch. Wenn er Bruder und Mensch wäre, würde er auf die Familie Rücksicht nehmen, nicht deren Ruhe stören und von selbst aus dem Haus verschwinden. Denn die Familie, einschließlich Grete Samsa, will „ihre Ruhe haben", und alles, was diese Ruhe stört, ist widerlich, abstoßend, muss aus dem Weg geräumt, beseitigt werden.

Diese Ruhe kann einfach nichts erschüttern, nicht einmal der Tod: Der Tod hat seine erschütternde Macht verloren, er ist machtlos gegen die festgefahrene gewohnte Ruhe, der die Menschen unterliegen. Grete Samsa verkörpert diese unerschütterliche „Ruhe" der modernen Zeit, die sich nicht aus der Fassung bringen lässt, und ihrem Ziel entgegengeht – über Leichen. Dieses „Über-Leichen-

---

[1] Antigone ist eine Gestalt aus der griechischen Sage. Es heißt von ihr, dass sie sich dem mächtigen Tyrannen und König Kreon widersetzte und entgegen seinem Verbot den Leichnam ihres Bruders beerdigte. Damit erwies sie dem Familienmitglied die gebührende Ehre als Mensch und ging für ihre Haltung in den Tod.

Gehen" ist wichtig. Der junge Organismus der Grete Samsa, ihre draufgängerische und blühende Jugend schüttelt alles ab, was ihr unaufhaltsames Wachstum bedrohen könnte; so schüttelt sie auch den Tod des Bruders ab. Es gibt nichts, was dieses Wachstum er-
5 schüttern könnte. [...] Grete Samsa, durch nichts, nicht einmal vom Tod des Bruders erschüttert, geht ihrer Zukunft entgegen, die eine Reproduktion der Vergangenheit ist, und wird deshalb in ihrem weiteren Leben nur die Sterilität und Plattheit der Vergangenheit wiederholen und in diese Wiederholung alle Energie ihrer Jugend
10 investieren.

Deshalb ist Kafkas „Verwandlung" ironisch und vieldeutig. Die Menschen sind bereits so weit verwandelt – in Banalität, Plattheit, Kleinlichkeit, die sie für „Normalität" halten, befangen –, dass sie keine Bereitschaft und keinen Willen mehr haben, sich aus diesen
15 degradierenden Umständen zu befreien; sie haben sich in der Tat verwandelt.

Aus: Karel Kosik, Das Jahrhundert der Grete Samsa. Von der Möglichkeit oder Unmöglichkeit des Tragischen in unserer Zeit. In: Kafka und Prag. Colloqium im Goethe-Institut Prag 24.-27. November 1992. Hg. v. Kurt Krolop und Hans Dieter Zimmermann. Berlin, New York: de Gruyter 1994, S. 187ff.

Oliver Jahraus: Kafka. Leben, Schreiben, Machtapparate (Auszug)

Die Verwandlung ist nämlich vor allem eine komplexe Metapher für das gestörte Verhältnis des Individuums im Machtapparat der Familie, zu den Mitgliedern dieser Familie bzw. für die psychischen und sozialen Existenzbedingungen, die durch die Dominanz der
5 unterschiedlichsten, vor allem aber die ökonomischen und sexuellen Verfassungen des Machtapparats geprägt sind. Sie ist eine Metapher für A-Sozialität, die völlige soziale Desintegration oder sogar Ausgrenzung des Individuums aus den gesellschaftlich und familiär institutionalisierten und gleichzeitig sozial konstitutiven
10 Machtstrukturen. Die Tatsache, dass also das Ungeziefer nicht darstellbar ist (und dass dies auch nicht versucht werden darf), hängt mit der Verwandlung bzw. mit der Metaphorisierung, aber auch mit der Komplexität dieser Metaphorisierung zusammen. Ungeziefer zu sein bedeutet also, aus der Funktionalisierung durch den

Machtapparat Familie herauszufallen, zu einem familiären Parasiten zu werden. Gregor Samsa wird zu einem solchen Parasiten, der
die Familie nicht mehr ernährt, sondern von der Familie ernährt
werden muss. [...]

5 Kafka greift auf die Metapher [der Verwandlung eines Menschen in
ein Insekt] dann zurück, wenn es darum geht, die Diskrepanz zwischen einerseits sozialen Anforderungen und andererseits der be-
schränkten Leistungsfähigkeit des Individuums zu fassen.

So könnte man das Ungeziefer auch als verinnerlichte, internali-
10 sierte Perspektive der Gesellschaft auf jene Individuen bezeichnen,
die nicht in der Lage sind, den sozialen Anforderungen, die an sie
gestellt werden, zu genügen. Eine Existenz als Ungeziefer könnte
als eine Selbstausgrenzung aus der Gesellschaft bzw. jeder Ge-
meinschaft gedeutet werden, die in der Verwandlung konkret durch
15 die Familie repräsentiert wird. [...]

Blickt man zurück auf die Interpretation des Urteils, so lässt sich
leicht erkennen, wie die Gestaltung des Sujets[1] weiterentwickelt
wurde. Während beim Urteil Unterbrechungen der Realität erst im
Laufe der Erzählung auffallen, beginnt die Verwandlung mit einer
20 solchen Unterbrechung direkt und in ungewöhnlicher Radikalität.
Auf diese Weise wird das Verhältnis zwischen Realität und Fantas-
tischem zusätzlich dynamisiert. Ein Mensch hat sich in einen Käfer
verwandelt, aber als die Verwandlung den anderen Familienmit-
gliedern und Beteiligten offenbar wird, reagieren sie nicht auf den
25 Bruch ihrer Realität, sondern sie reagieren auf die Veränderung ihrer sozialen, familiären, beruflichen oder auch sexuellen Verhältnisse. Aus der Reaktion der anderen Figuren auf Gregor lassen sich
daher Rückschlüsse auf den Realitätsstatus der Verwandlung ablei-
ten. Ausschließlich deshalb, weil die Figuren die Verwandlung
30 nicht als Problem der Realität an sich, sondern als Problem der
veränderten Verhältnisse verstehen, werden diese Verhältnisse
zum Interpretament[2] der Verwandlung selbst: Nur deshalb, weil
der Prokurist beispielsweise die Verwandlung als Arbeitsverweigerung versteht, gewinnt die Verwandlung die Bedeutung eines Aus-

---

[1] Thema
[2] Deutungsmittel

bruchsversuchs aus beruflichen Zwängen. [...] Das, was ein Individuum ausmacht, wird nicht durch das Individuum vorgegeben,
sondern durch seine soziale Umwelt. An dieser Stelle wird eine
Idee radikalisiert, die schon im Realismus und Naturalismus, etwa
5 in den Werken Gerhart Hauptmanns, die Auffassung und die Darstellung von Realität prägte, dass nämlich Realität immer sozial
definierte Realität ist.

Aus: Oliver Jahraus: Kafka. Leben, Schreiben, Machtapparate. Stuttgart. Reclam 2006,
S. 225ff.

Heinz Politzer: Franz Kafka, Der Künstler (Auszug)

Kafkas „Verwandlung" ist der Einbruch einer hinter aller Empirie
liegenden Macht in den Lebensbereich des Materiellen. Das Materielle kann diesen Einbruch lediglich zur Kenntnis nehmen und
sich mit ihm abfinden, wie dies die Familie Samsa mit überaus
5 geringem Erfolg versucht. „Auch das Ungewöhnliche muss Grenzen haben", sagt Blumfeld[1], der ältere Junggeselle, als zwei kleine,
weiße, blau gestreifte Zelluloidbälle geradewegs aus der Transzen-
denz zu ihm herniedersteigen und ihn erbarmungslos umhüpfen.
Als Grundgesetz in der Welt Kafkas gilt es jedoch, dass diese Gren-
10 zen einseitig sind; sie sind nur der Empirie gesetzt; das „Ungewöhnliche" vermag sie nach Laune und Belieben zu überschreiten.
Es wählt seine Opfer; die Gründe der Wahl bleiben verborgen; in
ihrer Willkür aber ist die Auswahl von grotesker Grausamkeit. Warum wird Gregor Samsa zur Verwandlung auserwählt und nicht
15 etwa einer der drei Zimmerherren [...]? Antwort wird nicht gegeben. Und dennoch liegt dieser Willkür ein Kern von Allgemeingül-
tigkeit zugrunde. Gerade weil Gregor Samsa ein Durchschnitts-
mensch ist, der anderen Durchschnittsmenschen zum Verwech-
seln ähnlich sieht, kann sein unglaubliches Schicksal jeden
20 Durchschnittsmenschen unter den Lesern seiner Geschichte befal-
len. Kafkas Meisterschaft als Erzähler beginnt dort, wo er ein Au-
ßerordentliches auf einen Gemeinplatz spielen lässt. [...]
Der Epilog der „Verwandlung" zeigt die Familie Samsa auf dem
Weg zu körperlicher Genesung. Aber die Kraft, die Gregor Samsa

---

[1] Gestalt aus Kafkas Erzählung

verwandelte, ist unendlich mehr als das Sinnbild einer körperlichen Krankheit. Nirgendwo ermutigt Kafka den Leser, Gregors verwandelte Gestalt als einen Ausdruck einer körperlichen oder gar geistigen Störung aufzufassen. Kafka enthält sich – mit Ausnahme
5 des Endes – jeglicher Stellungnahme. [...] Das Grundgesetz der Kraft, die Gregors Verwandlung hervorrief, ist ihre Undurchdringlichkeit. Diese kann nur beschrieben werden, wenn man auf alle Beschreibabsicht Verzicht leistet. Ihr Bild ist das des leeren Raums, der sich auf unvermutete Art und Weise inmitten des Samsa'schen
10 Haushalts aufgetan hat.

Diese Macht ist ebenso unfassbar wie die „ersehnte unbekannte Nahrung", die Musik, die wohl aus ähnlich jenseitigen Sphären an Gregors Ohr schlägt. [...] Er ist ein Unberührbarer geworden, ein *untouchable,* sodass die Schwester sogar den Napf, in dem sie ihm
15 sein Essen bringt, „mit einem Fetzen" anfasst. Auch ist das Wort Ungeziefer ja ein Artbegriff, der keinerlei Individualisierung erlaubt. Kafka hat in seiner Erzählung die Art von Ungeziefer nicht verraten, in die sein Gregor verwandelt worden ist. [...] Selbst die vagen Umrisse, über die das Ungeziefer verfügt, werden im Verlauf
20 der Geschichte durch die „Fäden, Haare, Speiseüberreste" verwischt, die Gregor „auf seinem Rücken und an den Seiten mit sich herum" schleppt. Wenn die Bedienerin ihn schließlich einen „alten Mistkäfer" nennt, so ist dies nicht unbedingt als insektenkundliche Klassifizierung zu verstehen. Sie häuft vielmehr auf das tödlich ver-
25 wundete Tier noch die Schmach eines menschlichen Schimpfnamens. Durch seine Verwandlung ist Gregor zum Paria[1] geworden, sogar zum Paria des Tierreichs.

Gerade weil Gregor ein von außermenschlichen Kräften Gezeichneter ist, kann das Bild des Ungeziefers nicht von Menschenhand
30 nachgezogen werden. [...] [In einem Brief an den Verleger verneinte Kafka die Möglichkeit einer Illustration des Insekts]. Als Gegenvorschlag regte er die Szene mit den Eltern und der Schwester im beleuchteten Zimmer an, „während die Tür zum ganz finstern Ne-

---

[1] Ausgestoßener (entnommen aus der Terminologie des indischen Kastensystems zur Bezeichnung der Menschen aus der untersten Kaste, die „Unberührbaren" genannt)

benzimmer offen steht." Diese vollkommene Finsternis ist die beste, die einzige Beschreibung von Gregors Schicksal und der Tiergestalt, in die er versetzt wurde. Das „un-", die Verneinung, die Dunkelheit, die Leere sind die letzten Gestalten, die Kafka für das Geheimnis im Zentrum seiner Erzählung zu finden vermochte. Gregors Verwandlung ist das Bild seiner eigenen, ins Nichts weisenden Möglichkeiten und der Unverständlichkeit eines Schicksals, das ihn zu diesen Un-Möglichkeiten verdammte.

Aus: Heinz Politzer: Franz Kafka, der Künstler. Gütersloh: Bertelsmann 1965, S. 125 ff., [Frankfurt: S. Fischer 1968]

4. Einen Textauszug analysieren – Tipps und Techniken

Ein wichtiger Bestandteil des Umgangs mit der Erzählung besteht
darin, ausgewählte Textteile (entweder unter einer bestimmten Fragestellung oder ohne eine solche) zu untersuchen und zu deuten. Im Folgenden erhalten Sie Tipps, wie die Analyse eines Textauszuges gestaltet werden kann.

1. Vorarbeiten

Lesen Sie die Aufgabenstellung sorgfältig und prüfen Sie, ob hierin bereits Verständnishilfen enthalten sind. Lesen Sie dann die Textpassage genau und mehrmals und markieren Sie Auffälligkeiten, z. B. sprachliche Besonderheiten, Bezüge zur Aufgabenstellung oder zu bereits im Unterricht bearbeiteten Textauszügen oder Deutungsansätzen, denen Sie im Laufe ihres Schreibens weiter nachgehen wollen. Unterschiedliche Farben oder Linien können helfen, den Text zu strukturieren.

2. Auswahl einer geeigneten Analysemethode

Ihnen stehen grundsätzlich zwei verschiedene Methoden zur Auswahl: Die **Linearanalyse** und die **aspektgeleitete Analyse**.

In der **Linearanalyse** werden die einzelnen Abschnitte systematisch, das heißt ihrer Reihenfolge nach, analysiert. Dies führt in der Regel zu genauen und detaillierten Interpretationsergebnissen. Allerdings besteht dabei die Gefahr, dass die übergeordneten Deutungsschwerpunkte des Auszugs aus dem Blick geraten. Wenn Sie sich für diese Methode entscheiden, ist es von großer Bedeutung, den Text vorab zu gliedern und den einzelnen Sinnabschnitten Überschriften zu geben.

In der **aspektgeleiteten Analyse** werden diese Deutungsschwerpunkte im Voraus festgelegt. Daraus ergibt sich in der Regel eine problemorientierte und zielgerichtete Vorgehensweise. Die Deutungsaspekte, welche nicht im Focus des Interesses stehen, werden jedoch vernachlässigt. Wenn Sie sich für diese Methode entscheiden, sollten Sie die Deutungsschwerpunkte klar benennen und ihre Gedanken an ihnen als einem „roten Faden" orientieren.

Aufbauschema

1. Einleitung:
   Themensatz: Autor, Titel, Textsorte, Erscheinungsjahr, Thema, kurze Inhaltsangabe

   ↓

2. Einordnung des Textauzugs in die Erzählung
   Was geschieht vorher, was nachher?

Linearanalyse	aspektgeleitete Analyse
↓	↓
3. Inhaltlicher Aufbau Kurze Darstellung der Textabschnitte	**3. Untersuchungsschwerpunkte** Auflistung der ausgewählten Analyseschwerpunkte
↓	↓
4. Beschreibung und Deutung der unter 3. angegebenen Textabschnitte:	**4. Beschreibung und Deutung** der unter 3. angegebenen Schwerpunkte:
• Aussagen zum Inhalt des Abschnitts	• Benennen des jeweiligen Schwerpunkts
• Aussagen zur Deutung, Einbetten in den Zusammenhang der Erzählung	• Aussagen zur Deutung, Einbetten in den Zusammenhang der Erzählung
• Einbezug der sprachlichen Gestaltung	• Einbezug der sprachlichen Gestaltung
• Überleitung zum nächsten Textabschnitt	

5. Schluss:
• Zusammenfassung der Ergebnisse
• Einordnung in einen größeren Bedeutungszusammenhang
• Bewertung

Auch das sind wichtige Tipps für die Analyse eines Textauszuges:

● Verknüpfen Sie die Ergebnisse der Analyse mit einer entsprechenden Deutung (hierzu müssen Sie u. a. die Funktion der Einzelelemente für den Sinn des Ganzen herausstellen)

Folgende Gesichtspunkte könnten dabei von Bedeutung sein, setzen Sie je nach Textstelle eigene Schwerpunkte der Untersuchung:

— **Einbezug des Titels**
— **Figurenkonstellation**
— **Erzählform** (Ich-Erzählung oder Er-/Sie-Erzählung)
— **Erzählperspektive** (Innensicht oder Außensicht)
— **Erzählerstandort** (distanziertes Erzählen von außen oder der Erzähler als Teil der erzählten Welt mit eingeschränkter Sicht auf das Geschehen)
— **Erzählverhalten** (auktorial mit deutlichen Wertungen, Rückblicken und Vorausblicken; personal mit Beschränkung auf die Sicht einer oder mehrerer Figuren; neutral wie bei einem unbeteiligten Beobachter)
— **Darbietungsweisen/Erzählweisen** (Erzählerbericht, szenisches Erzählen in Form der Wiedergabe direkter Rede, innerer Monolog, erlebte Rede, Gedankenstrom ...)
— **Zeitstruktur** (Verhältnis von Erzählzeit und erzählter Zeit: Zeitdehnung, Zeitraffung, Zeitdeckung, Rückblicke, Vorausdeutungen)
— **Sprachliche Auffälligkeiten** (Stilebene, Wortwahl, Satzbau, rhetorische Figuren, besonders Symbole, Metaphern, Vergleiche ...)

● Achten Sie darauf, ihre Gedanken klar und nachvollziehbar zu entwickeln. Gliedern Sie den Text auch optisch durch Absätze, verwenden Sie für Überleitungen Gelenkstellen, ziehen Sie Schlussfolgerungen und formulieren Sie eine Zusammenfassung

● Fomulieren Sie sachlich und genau. Verwenden Sie Fachtermini und präzise Begriffe.

● Arbeiten Sie möglichst nah am Text. Reihen Sie keine Einzelergebnisse aneinander, sondern versuchen Sie, im Zusammenhang zu schreiben.

● Arbeiten sie unbedingt mit Zitaten und beachten Sie die Zitierregeln.

5. Wichtige rhetorische Figuren

Im Rahmen einer Textanalyse kommt es darauf an, dass Sie Ihre Aussagen zur Deutung am Text belegen. Zum einen geschieht das durch unmittelbare Zitate, zum anderen dadurch, dass Sie auf die verwendeten rhetorischen Figuren und deren mögliche Wirkungen und Aussageabsichten verweisen. Dieses sollte immer mithilfe der Fachsprache geschehen. Die folgende Auflistung soll dabei helfen.

Rhetorische Figur	Erklärung	Beispiel
Alliteration	Zwei oder mehrere Wörter in unmittelbarer Nähe beginnen mit demselben Anlaut.	*Mit diesem Laufen und Lärmen erschreckte sie Gregor täglich zweimal. (S. 32, Z. 17f.)*
Anapher	Mehrere Satzglieder oder Sätze beginnen mit demselben Wort.	*..., ein immer wechselnder, nie andauernder, nie herzlich werdender menschlicher Verkehr. (S. 6, Z. 13f.)*
Antithese	Entgegenstellung von Gedanken und Begriffen, Darstellung eines semantischen Gegensatzes	*„Ihr habt gehört, dass gesagt worden ist: Auge um Auge, Zahn um Zahn. Ich aber sage euch, dass ihr nicht widerstreben sollt dem Übel ...“ (Mt 5, 43)*
Correctio	Korrektur eines vorherigen Ausdrucks, der ggf. als zu schwach erschien	*Den schon im Boden fest eingegrabenen Schreibtisch, an dem er als Handelsakademiker, als Bürgerschüler, ja sogar schon als Volksschüler seine Aufgaben geschrieben hatte ... (S. 37, Z. 28ff.)*
Ellipse	unvollständiger Satz	*Es schlug mein Herz, geschwind zu Pferde (Goethe, Willkommen und Abschied)*

Rhetorische Figur	Erklärung	Beispiel
Euphemis-mus	Beschönigung	*„Menschen mit besonderen Bedürfnissen" statt „Behinderte"*
Hyperbel	Übersteigerung, Übertreibung	*Gregor staunte über die Riesengröße seiner Stiefelsohlen. (S. 41, Z. 6f.)*
Inversion	Umkehrung der üblichen Wortfolge	*Nicht für erforderlich aber hält man es …*
Ironie	unwahre Behauptung, die erkennen lässt, dass das Gegenteil gemeint ist	*„Wollt ihr, wollt ihr mich wegfahren lassen? Nun, Herr Prokurist, Sie sehen, ich bin nicht starrköpfig und ich arbeite gern; das Reisen ist beschwerlich, aber ich könnte ohne das Reisen nicht leben." (S. 18, Z. 29ff.)*
Klimax	Steigerung	*Nenn's Glück! Herz! Liebe! Gott! (Goethe, Faust I)*
Litotes	Die Bedeutung eines Sachverhaltes wird durch die Verneinung seines Gegenteils gesteigert.	*Er war uns nicht gerade eine große Hilfe.*
Metapher	Ein Wort wird aus dem üblichen Sprachgebrauch gelöst und so in einen anderen Zusammenhang eingeordnet, dass es eine neue Bedeutung erhält. Die Metapher ist ein verkürzter Vergleich (ohne das Vergleichswort „wie").	*Er steht in der Blüte des Lebens.* *Sie schaut durch eine rosarote Brille.*

Rhetorische Figur	Erklärung	Beispiel
Paradoxon	Zusammenführung widersprüchlicher Aussagen	*Dunkel war's, der Mond schien helle*
Parallelismus	In aufeinanderfolgenden Sätzen werden die Satzglieder in gleicher Weise angeordnet.	*Nun genügte dieses Geld aber ganz und gar nicht.... Nun war aber der Vater ein zwar gesunder, aber alter Mann... (S. 30, Z. 34ff.)*
Personifikation	Abstrakten Begriffen, unbelebten Erscheinungen, Tieren und Pflanzen werden Eigenschaften zugebilligt, die nur Personen haben.	*Väterchen Frost*
rhetorische Frage	Scheinfrage, auf die keine Antwort erwartet wird	*Trotzdem, trotzdem, war das noch der Vater? (S. 40, Z. 15f.)*
Symbol	Sinnbild (konkreter Gegenstand, der zum Träger eines allgemeinen Sinnzusammenhanges wird)	*Ehering als Symbol für Liebe und Treue*
Vergleich	Durch *wie, wie – so, als ob, gleich* u. Ä. wird eine Beziehung zwischen zwei Bereichen hergestellt, zwischen denen es Gemeinsamkeiten gibt.	*Diese kleinen roten Apfel rollten wie elektrisiert auf dem Boden herum (S. 41, Z. 34f.)*
Zeugma	Gleiche Satzglieder werden syntaktisch richtig miteinander verbunden, obwohl sie von der Bedeutung her nicht zusammenpassen.	*Ich will Blumen und Tränen auf ihr Grab streuen.*